半岛餐饮管理集团有限公司
H.L.Peninsula Catering Group Ltd.

董事长 利永周

餐饮业的传奇人物

利永周先生从1995~2009年，短短十几年的时间参与打造了南海渔村、凯悦、金悦、半岛……一个一个的传奇品牌。如今，他还在续写着不断挑战自我的故事……

利永周谈文化与餐饮

餐饮传承文化，文化推动餐饮。

文化提升，是餐饮企业做强做大的根本。

推动和发展餐饮文化就是餐饮品牌生命力的延续。

文化与餐饮的结合是当代餐饮企业发展的唯一出路。

文化不仅是表象，它更是一种内涵。

半岛餐饮管理集团有限公司
H.L.Peninsula Catering Group Ltd.

出品总监

姓　　名：徐嘉乐

民　　族：汉族

性　　别：男

籍　　贯：广东花都

职　　称：高级厨师

个人座右铭：谦和朴实，坚毅自信

荣誉及证书：2006年荣获中国烹饪大师称号

工作简历：工作时间	工作单位	担任何种职务
1982–1989年	广州矿泉别墅宾馆	总厨
1989–1991年	广州黄埔大酒店	总厨
1991–1993年	东莞金三角大酒店	总厨
1993–1998年	广州国际大酒店	总厨
1999年	广州全球通大酒店	总厨兼餐饮副总监
2003年	广州半岛餐饮管理集团	出品总监

半岛餐饮管理集团有限公司
H.L.Peninsula Catering Group Ltd.

出品总监

姓　　名：黄武芬

民　　族：汉族

性　　别：男

籍　　贯：广东肇庆

职　　称：一级烹调师

个人座右铭：宝剑锋从磨砺出，
梅花香自苦寒来。

荣誉及证书：荣获法国国际厨皇美食
协会会员资格

工作简历：	工作时间	工作单位	担任何种职务
	1993年	广州南海渔村	三锅
	1995年	澳门聚龙酒家	二锅
	1998年	广州凯悦酒家	出品部主管
	2002年	苏州顾亭酒家	行政总厨
	2006年	南海名轩酒家	行政总厨
	2007年	广西梧州江滨国际大酒店	行政总厨

半岛餐饮管理集团有限公司
H.L.Peninsula Catering Group Ltd.

营运总监

姓　　名：欧阳志坚

民　　族：汉族

性　　别：男

籍　　贯：广州

职　　务：总经理、营运总监

个人座右铭：荣誉与责任——激情、进取、持续改进、宁静致远、有容乃大

荣誉及证书：2004年　　荣获法国国际厨皇美食协会会员资格

2005年　　荣获国家旅游局星级饭店高级总经理职务证书

2007年　　荣获广州百佳餐饮大师称号

2008年　　荣获世界中餐协会理事资格

工作简历：	工作时间	工作单位	担任何种职务
	1990年	广州夜明珠大酒店	饮食部经理
	1992年-1993年	上海中国科技宾馆	饮食部总监
	1994年	广州陶乐鱼翅海鲜酒家	总经理
	1996年	深圳香港中银世纪宫	总经理
	2001年	江南饮食集团	副总裁
	2005年	广州鸿星饮食集团	营运总监
	2008年	半岛餐饮管理集团	营运总监

半岛餐饮管理集团有限公司
H.L.Peninsula Catering Group Ltd.
广州半岛·唯高餐饮文化传播公司

餐饮经营与管理

餐饮业老板、主管和从业人员的工具书

餐馆赢在决策

CANGUAN YING ZAI JUECE

定|位|决|定|成|败

温俊伟◎编著

中国物资出版社

图书在版编目（CIP）数据

餐馆赢在决策：定位决定成败/温俊伟编著．—北京：中国物资出版社，
2009.10

（半岛唯高餐饮经典）

ISBN 978 - 7 - 5047 - 3225 - 5

Ⅰ．餐…　Ⅱ．温…　Ⅲ．餐厅—商业经营　Ⅳ. F719.3

中国版本图书馆 CIP 数据核字（2007）第 170678 号

策划编辑　黄　华
责任编辑　王云龙
责任印制　方朋远
责任校对　孙会香　梁　凡

中国物资出版社出版发行
网址：http：//www.clph.cn
社址：北京市西城区月坛北街 25 号
电话：(010) 68589540　邮编：100834
全国新华书店经销
北京京都六环印刷厂印刷

开本：710mm×1000mm　1/16　印张：16　彩插：4　字数：190 千字
2009 年 10 月第 1 版　2009 年 10 月第 1 次印刷
书号：ISBN 978 - 7 - 5047 - 3225 - 5/F·1270
印数：0001—8000 册
定价：29.80 元
（图书出现印装质量问题，本社负责调换）

《半岛唯高餐饮经典》丛书编委会

总　序

在经历了改革开放三十年所带来的冲击后，中国的餐饮业步入了更加成熟、更加多元化、竞争更加激烈的阶段，暴利时代已逐渐远去，理智消费的时代正慢慢走近。不可避免的是餐饮企业正面临着时代的筛选，适者生存发展，不适者将被历史的波涛无情地淹没。"一鸡死，一鸡鸣"，这是老百姓对餐馆生存状态的形象的描述。为什么昨天还灯火明亮的海鲜城今天却大门紧闭？为什么几步之隔的两家粥粉店，一家烟雾腾腾，客似云来，而另一家却门可罗雀？为什么一些当初在市场上叱咤风云的大型餐饮企业日渐式微，甚至突然销声匿迹？为什么有些前几年还是一贫如洗的下岗职工，现在却已经是拥有豪宅名车的餐馆老板；而有些原来还是指指点点地吆喝着的老板，几年不见却又重新回到打工仔的行列……事实很残酷，但事实有时又很令人憧憬！

为了与餐饮业的同行一起探讨和解决这些问题，携手共进，半岛餐饮管理集团有限公司（以下简称半岛集团）与广州唯高策略发展有限公司强强联手，在原《唯高餐饮经典书库》的基础上，锐意创新，着力打

造更具专业性和指导性的高质量餐饮业经营管理书库。担当此重任的，是一个全新的团队——广州半岛唯高餐饮文化传播公司。

《唯高餐饮经典书库》已经与读者亲密接触了近十年，出版图书四十多种，吸引了近百万读者，在业界也有了一定的知名度。

半岛集团是一家由著名餐饮专家利永周先生创办的国际餐饮管理企业。针对国际化餐饮管理的多种需求，半岛集团为客户提供开业筹备、运作管理、咨询顾问、员工培训、企业诊断等全方位的专业服务，致力于为客户实现最高市场价值。

半岛集团中国区总部设在广州，北京及华东设有区域分部。集团已先后在北京、广州、上海、温州、宁波、舟山、苏州、佛山、深圳、长沙、柳州、沈阳、成都、天津、徐州、美国旧金山、弗里蒙特等地，分别投资或管理多家高级餐饮企业，2006 年被中国饭店协会授予"粤港澳十佳餐饮管理公司"称号。

多年来，半岛集团致力于发展具有深远影响力的跨国品牌餐饮企业。集团提倡"诚信、稳健、包容、进取"的企业精神；提倡以良知和责任为座右铭；提倡勤劳、务实、高效率并注重细节；提倡善于思考、归纳，并在实践中不断探索、不断创新、不断提升，以建设最具竞争力的学习型团队，为本企业的员工，为餐饮行业及全社会创造效益和价值。

尽管餐饮业竞争日趋激烈，却依然存在充足的发展机遇，半岛集团正是利用这样的机遇，不断向市场提供高水平的科学管理和优质的服务。集团通过不断努力和坚持不懈的学习，以更完善的系统、更协调的组织机制获得更高的效率，为客户提供更具国际化、品牌化、网络化的服务。

今天，为了更好地服务于社会，集团又开拓了文化传播的新途径——斥资打造《半岛唯高餐饮经典》这一优势品牌。置身于半岛集团这一以诚信为核心价值观、具有高度的荣誉感和责任感，并不断反思、进取的学习型团队中，图书的内容就有了雄厚的专业技术基础，将更具备广泛性、可信性、指导性、可操作性和优质服务性。我们深信，《半岛唯高餐饮经典》一定会成为广大读者的良师益友，努力与他们交流社会信息，并与他们共同分享社会成功的经验，也一定会在交流与分享中共同进步。

广州半岛唯高餐饮文化传播公司

2009 年 9 月

前　言

　　决策，作为无形的形态，它是定位、制定办法、制定策略的一个过程；作为有形的形态，它是一种定出的计策或办法。

　　本书所阐述的决策，是餐饮企业在投资、筹备的过程中，在诸项定位中的决策，它既包含一个过程，也包含这个过程的结果。决策不但施之于餐馆的创始期，它更贯穿于餐馆经营管理的全过程，大到经营方向和经营手法的改变，小到服务过程中一个突发事件的处理。无论是开一家几千餐位的酒楼，还是开一间只有十来个餐位的小餐馆，都离不开决策。决策的正确与否，会自始至终左右着餐馆的输赢。如果决策踏准了市场的节拍，摸准了消费者的脉搏，餐馆就会有一个良好的开头；即使暂时没有一个显著的好开头，也一定会有一个好的将来。如果你的餐馆做出了错误的决策，那么，等待你的，将可能是血本无归。

　　2005 年，广西某中等城市曾开张一家中型酒楼，在策划、筹备的过程中，此酒楼的老板选用了一位在台湾和世界各地的西餐厅从业多年的策划人员统领整个酒楼的策划和筹备工作。当时有人劝他说，你开的是

中餐馆，用这样的人恐怕不合适；但是，他看中了那位策划人的从业经历。最后，这位老板力排众议，还是决定任用那位策划人。这是在用人的决策上走错了第一步。由于这位策划统领者没有掌握中餐经营上的特点，在装修设计的定位上没有顾及中餐的消费特点，在具体的操作上，又经常是朝令夕改，大量地浪费了劳动力和材料，装修费用多耗了几十万元。装修做工虽然比较精致，但是适合西餐用餐氛围的元素多了一点。这是在装修的决策、定位上迈出了错误的第二步。装修差不多完成的时候，这位策划者竟然远赴武汉，通过在那里的朋友聘请了一大帮武汉的厨师和经理到这酒楼任职。当时就有人提醒老板，广西餐饮消费者的习惯大多是接近粤菜的南方菜口味，武汉厨师恐怕难当此任。但是，老板盲目地相信了这位策划者。这是在用人决策上迈出了错误的第三步。开张后，人气淡薄，酒楼入不敷出，难以为继。老板在束手无策的情况下，听从了旁人的劝告，把整座酒楼包给广东省一个比较有名的餐饮连锁企业。渐渐地，餐馆经营有了起色，上座率越来越高，门口也停了一些汽车。老板看到此势头，觉得包给人家做利润少，也违背了自己的初衷，现在既然已经做起来了，在这个基础上自己再接过来做恐怕也不会有什么大问题，于是在合同期满的时候把承包者甩掉了。不过，此举后果严重，很令老板懊丧：营业额一落千丈，人气再度冷落，酒楼被迫停业。本来，当初决策失误，一发现问题及时亡羊补牢，调整策略，把酒楼包出去，那是对的；但后来把它又接回来的决策却是错误的。错了四步，都是在关键的决策上，神仙也难救！

　　本书采用先讲案例，再做画龙点睛似的精辟短评，然后配以漫画加深读者印象的表达形式，力求生动形象地、深入浅出地把决策、定位决定成败的道理娓娓道出，为餐饮投资者能有一个金光灿烂的未来尽点微薄之力。

作　者
2009 年 9 月

目　录

一　理念篇

二　实务篇

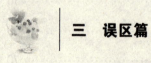

三　误区篇

后记

一 理念篇

Li Nian Pian

理念是驾驭行动的思想，理念超前，才能把握市场的先机。

1 定位准确步步高

　　在广州市海珠区城乡结合部的地方，有一家昌岗餐厅，不大，顶多也就两百个餐位，老板兼总经理是一位原中山医科大学毕业的大学生，也是笔者的朋友。两年前，他接手了这家餐厅。他注意到，这家餐厅原来的经营是很成功的，但是后来因为一些原因交给了另外的人接管，由于管理不善，还把原来的定位改了，结果每况愈下，不得不转手。

　　朋友刚接手的时候，他首先考察这家餐厅的选址定位，这里靠近大马路，但又不是在大马路上，餐厅内比较宽阔，坐在里面用餐不会使人有挤迫之感，但是租金却比在大马路上便宜了很多。他了解到附近有不少写字楼、小工厂、稠密的居住区，有充足的蓝领、白领客源，还有很多家庭客。餐厅原来之所以能做旺，就是因为这些客人经常来捧场。因此，他们应该就是未来自己开的餐厅的目标客源。因而，对于这个即将转手的小餐厅来说，这个客源基础是坚实的。如果餐厅的菜品和价格能够适应这些群体，就一定能吸引他们重新回来消费。

再看看周围的一些同档次、同规模的餐馆，生意也都不错，便感到在这里开办与这地段的消费群体相适应的餐馆是应该大有可为的。从规模来说，经营这样的餐厅，从资金投入上、精力投入上都很适合自己。从消费的群体，他很自然地又想到了菜品和价格的定位。由于这一地段不是高级写字楼区、也没有高档住宅区、没有停车的地方，因此，不能烹制像鲍、参、翅、肚这样高档的菜品，只能开发一些比大众化水准略高一点的菜式，菜品的味道一定要好，而且价格要比同类餐厅略低一些，总之就是贯彻好吃又便宜的原则。开业之初，还可以大部分沿用原来畅销的菜式，然后边经营边修正，或增加、或减少、或改良。

最后，在对装修定位作决策的时候，他采纳了一位行家的意见，没有大兴土木，而是采用与这餐厅的消费水平相适应的大众化的装修，不

追求金光灿烂、玉树银花，但却要讲究舒适、卫生，以免过于豪华的装修反而吓走原来的一些熟客。投资者的着眼点在于简洁、节俭，降低经营成本，以换取向消费者做更多的让利。

在酒水供应商的选择上，他们大胆地做了改动，吸收了生力啤酒供应商进场销售，给他们方便，使他们得以把餐厅培育成一个重要的销售基地，并同时无偿地为餐厅的墙壁做了大面积的美化，使餐厅的菜式能在四周墙壁上得到完美的展示。

在组织结构上，老板更是根据自己精力旺盛的特点，决定一改常规做法，自任总经理兼采购，下面只设一个名义上的部长，从而真正保证了菜品原材料的质量和低廉的成本，保证了老板、经营者与客人的一线接触，很直接地就了解到客人对餐厅的菜品、服务、卫生等方面的种种反映。

餐厅接手开业以来，逐渐得到了消费者的认可，生意越做越旺，发展的势头很不错。在节假日，在同一饭市中，有时可以翻两次桌，可见其受欢迎的程度。

→ 评 点

昌岗餐厅的成功可能有很多的因素，比如，开业后精心到位的管理，在采购上的亲力亲为，菜品质量的亲自把关，老板在每一顿都亲自尝菜，发现质量、味道出现问题立即通知厨师，检查原因，等等。但是，有一个很重要的原因就是餐厅开业时诸方面定位要正确。这是根，是基础，

有了这个基础，有了这条根，枝叶才会茂盛，各种管理措施才能得心应手。如果开业当初的一系列定位不准确，那么，开业后即使是费上九牛二虎之力，也难以回天，最后可能不得不挥泪"斩缆"、"割肉"而脱身。

一个餐厅的建成，其定位是多方面的。选址、确定餐厅的经营方向、经营内容、经营结构、组织结构，确定菜式、确定服务档次、确定装修档次等都属于这个范畴。如何做出正确的定位决策，关乎今后经营的成败，尤其是选址和经营内容、经营方向的决策，更是关键中的关键，这是一个十分重要的投资、创业理念。

而上面所提到的各方面的定位，又是互相关联、互相制约的，比如，投资者是先决定办一个怎样的餐厅然后再选址，还是先有一处地方，然后才考虑在这个地方建一间怎样的餐厅，两者定位的程序是完全不同的。如果是前者，那就要考虑选址了。你首先要考虑的就是你所设想的那家餐厅应该找一个怎样合适的地方。这个地方的目标客源的消费方向和消费能力应该是和你要办的餐厅相适应的。比如你理想中很想办一个中型规模的中档的西餐厅，你就要选一个能容得下200餐位以上的地方，这个地方周围200米直径范围内必须有乐于西餐消费、有能力作西餐消费的人群，或居住群，或写字楼群。当然，如果餐厅处于消费能力极强，集中白领阶层工作、居住，集中富豪们居住的区域那就更好。因此，办什么餐厅得看其面积有多大、周围的人群状况是怎样的。这就要对周边环境及对餐饮消费的需求情况作详细的调查，适合开中餐厅的就开中餐厅，适合开西餐厅的就开西餐厅；适合开哪一菜系的就开哪一菜系；适

合开中档的就开中档的，适合开高档的就开高档的。这一层次的决策是最重要的，千万不能失误。失误了可能就直接影响到今后经营的发展，甚至影响到餐馆的生命力。笔者就亲眼目睹了三家在全国都有一定影响力的川菜馆因为选址与规模的矛盾没有处理好，导致决策错误而黯然从广东的餐饮市场淡出的过程。教训是相当深刻的。这就是说，在经营地点决定了的前提下，经营内容与经营模式一定要与这个地点的市场环境、人文环境、消费者结构等要素相适应；而在决定了经营内容及模式的前提下，经营地点的选择就必须围绕经营内容来考虑，两者考虑的核心都是能否赢利。

当选址、经营菜系和规模、档次的定位确定后，菜单及价格的定位就很重要了。任何一个餐厅都不可能把整个餐饮市场的服务都包揽下来。顾客由于民族、职业、年龄、性别、生长环境、文化层次、饮食习惯等诸多因素的影响，其需求必然带着明显的个性，体现在餐饮消费上，对菜式的品种、卖相、口味、价格，对就餐环境、席间服务等方面，便呈现出追求的多样化。所以餐馆应该根据自身优势选择它能有效为之服务的、对其最具吸引力的顾客群体，要针对顾客的需求特点进行明确的市场定位，在市场上树立一个明确的、有别于竞争对手的、符合这部分消费者需求的形象，从而使自身在市场竞争中或者在现有的、潜在的消费者心目中占据有利的位置，并根据这个目标市场的需求变化来不断创新餐饮产品和服务。也就是说，餐厅一定要费心思根据你的目标顾客群、根据餐厅的服务水准和档次，精心制定开业菜单，从菜式的设置、安排上，从价格的定位上，务求决策正确。所谓正确，就是这菜单上的菜式

和价格一定要与你的目标顾客群的消费意向和消费能力相适应。当然，这种定位不同于选址和选择经营内容以及装修的定位，可以是动态的、随机的，如发现定位不准确可以随时调整，但是，务求头炮打响也很重要，因为其后续效应意义非比寻常，客流连续稠密的社会效果要比中途稀疏后来才又慢慢恢复好得多，其势头能给经营者和消费者增加信心。

餐饮消费一般来说可以细分为四种类型：一是满足于果腹的基本饮食消费；二是满足于喜庆宴席、节假日聚餐等的特殊饮食消费；三是闲时聊天、打发时间的消闲饮食消费；四是满足企业团体宴请的商务消费。一个成功的主题餐厅往往都是根据自己为之服务的消费群体，围绕着主题来营造餐厅环境气氛，提供特色菜品和餐饮服务。餐饮经营者必须仔细揣摩和了解本餐厅目标消费群体的心理，对他们具体和特定的要求积极地、迅速地做出反应，根据他们的时尚消费趋向，果断地制定出餐厅相应的经营方针政策。

当上述定位都确定后，对装修的定位就要做出决策。如果你的餐厅只是定位在中档，服务与菜品都是在大众化略高一点的水平上，你却硬要配上高级豪华的装修，这就不匹配，容易吓跑那些对于餐厅还没有了解的客人。客源的流失对餐馆的影响是致命的，而且，豪华装修必定增加了日后的经营成本，推迟真正赢利期的到来，这也是很不划算的。但当你的菜品、你的服务都是高层次的，而装修却给人以二流的感觉，使进来消费的客人感觉像掉了档次，失了身份，那也会流失掉这部分客人，因而也是失败的。

正确的定位决策，来源于深入、细致的调查和准确、科学的分析。

调查是认识餐饮市场，把握餐饮市场的手段，正确地决策才是目的。调查的主要内容包括对消费者结构、主要消费对象的数量，这些对象的消费欲望、消费能力、消费行为习惯以及周边竞争者存在的情况等。科学的、准确的分析就是要在占有这些调查资料后，分析自己将来的餐馆应该以怎样的服务和销售的形式去适应市场，提高自己的竞争力。至于调查的具体做法，这里就不细述了，有兴趣的读者可以参考《唯高餐饮经典书库》中的《第一次开餐馆》一书。

2 营养健康赶潮流

在美国的第三大城市芝加哥，有一位年轻的华裔健身女教练鲁莎，在健身界已经小有名气。一天，经朋友介绍，她认识了一位年老的求学者。说其老，是因为这长者看上去至少都有80岁，而且全身颤巍巍，即使能勉强站起来，也很难朝前迈出半步。吃饭、上洗手间，只能扶着墙壁或家具艰难地、极其缓慢地挪动。鲁莎不禁愣住了，心想：连行动都有困难，还要求健身！那不是开玩笑。可看看他，神情坚毅，态度认真，求学心切，他是希望通过锻炼，使身体各部分的功能恢复正常。鲁莎再细细打量面前的老者，身高约一米九，两眼有神，上身壮实，两手的肌肉与常人无异，但是双腿却异常消瘦，就像两根细细的芦柴棒，且小腿静脉曲张严重，令人惨不忍睹。原来，那是一场大病给他留下的后遗症。再一打听，老人才65岁，一股同情心油然而起。鲁莎很欣赏老人坚强的生活信念和试图通过锻炼求复原的正确思路，她鼓励老人大胆地自己站起来，不要扶着任何物件。老人很听话，也很信任她，在她的保护下，颤抖着不扶靠任何物体站了起来。她觉得，只要从心理上使老人坚定靠自己的意志和锻炼一定可以复原的信念，再辅之以增加适当的营养，刺激大腿和小腿肌肉的生长，老人必然可以像正常人一样行走、活动。她收下了这个特殊的学员。

但随之而来的问题是老人独居，没有人为他实施她所制定的进餐计划，营养不能同步跟进。于是，她想到了会所的餐厅。她找到了餐厅经理，对他说：给你提个建议，到我们这会所的健身房健身的人每天都有几百人次，他们健身的最终目标都是要消脂增肌。而要达到这一目标，光靠锻炼是远远不够的，必须在饮食上作同步的配合。我们在训练学员的同时都会为他们制定相应的保健营养菜单。但现在几乎所有餐厅的菜品都是高脂肪、高糖分，人体健康发展需要的许多营养素在制作的过程

中大部分被破坏，因此，那些健身的餐饮消费者的要求便被忽略了。而超市上的快餐配料又显得单调和不足，在口感上又不尽人意。如果我和你们合作，我为你们列出各种相应的保健营养套餐菜单，你们实施，我再介绍学员到你们餐厅消费，这样，对我们彼此、对学员都有好处。在这个城市，要求健美的人群是个很大的群体，众多既贪求口福又希望保持体形美的白领们为了增强自信，她们肯花钱请健身教练，也必然肯花钱在吃上。而这方面的花费却是大量的和经常性的，因为消脂增肌的饮食可不是一两顿的事情，而是伴随着整个健身过程的。这可是不小的市场啊！

餐厅经理心动了，他觉得对方说得挺有道理，这几百人次中只要有十分之一来消费，那么就等于每天增加了固定的客流，营业额就会得到稳定的提升。而且，众多的健身教练们除了在这里教课外，还经常走动于市内的许多健身场所，甚至学员的家庭，如果和他们取得广泛的联系，这市场的路子就会越走越宽。目前餐饮市场虽然还缺少这种服务，经营上可能有一定的风险，但是，利益与风险是同在的，做好了，就是领先潮流，就能得到最大的回报。于是，他马上和鲁莎合作，在菜单中增加了营养保健套餐系列，针对各种不同的个体，制定了若干菜式，有些是补元气的，有些是补血的，有些是助长肌肉的，有些是健筋骨的……

很快，事实就证明了他的决策是正确的。来求取营养套餐的人越来越多，有些甚至要求送餐服务，菜式也有了更进一步的细分，餐馆的营业额不断地提升，附近一些靠近健身场所的餐厅也逐渐模仿他们的做法。他又主动和许多健身教练建立起或松散或紧密的业务联系，把许多潜在

的顾客都拉到了自己的餐馆，逐渐在市场上确立了餐馆在营养保健套餐方面的专业形象。

→ 评　点

也许有些读者还记得，中国股市刚刚开锣的时候，早期投资者们大都获得了令人眼馋的丰厚的利润；早期下海的人员以及从事个体经营的人员，很多也都"盘满钵满"了。这说明，市场利润具有趋前性，它往往青睐于那些善于把握住市场先机的人们，也就是说，认识这种趋前性，把握这种趋前性，才能有意识地去寻找、发现和把握市场的先机。当旁观者忽然醒悟过来，仿效着一拥而上，竞争日趋白热化，市场利润已经没有多少空间的时候，你已经安安稳稳地把已到手的一大笔利润放进自

己的口袋，然后把目光再投到市场的纵深处或不为人注意的边角处，并寻找新的切入点了。上述案例中餐厅的经理就有这种理念和把握力，他明白领先潮流就能得到最大的回报，因而他很容易地就认同了健身教练的见解，适时做出决策，对餐厅菜单的定位作了适合市场需求的改良和创新，从而吸引了一大群新的目标顾客，为餐厅增加了稳定的客源。

好的理念并非凭空而来，它来自对经验的学习和总结，来自对未知事物的谦逊和强烈的兴趣，以及锲而不舍的探索精神。

当然，有好的经营理念不等于就一定能在市场上获得理想的盈利。好的理念还只是精神上的产物，还不是物质；好的理念还必须依靠胆识和魄力去实施，才能把精神变为物质，实现盈利。

胆识和魄力既来源于与生俱来的性格，也来自对专业和市场的熟悉和驾驭，俗语云"艺高人胆大"，讲的就是这个道理。

　　上述案例虽然发生在美国，但是我们只需看看中国改革开放后经济的发展，就可以毫不含糊地领略到：餐馆业发展尽管在许多细节上有所不同，但在宏观上发展的环节却是相同的，发展方向也是相同的，有些方面甚至发展的模式都相同。餐饮连锁店，以前人家有我们没有，但现在我们有了；餐饮业职业经理人，以前人家有我们没有，但现在有了；茶餐厅，以前只有香港才有，但现在我们内地也有了……有些不但有了，而且还青出于蓝而胜于蓝，后来者居上，这是不是能给我们一些有益的启示呢？

3 好吃便宜占鳌头

王先生在佛山市南海区接手了一家中型餐馆。这餐馆原来经营的是川菜，装修也算不错，在浓厚的民族气息中又透露着点点幽雅。二楼是四间卡拉 OK 房，音响设备非常好，特别是两间大房，在里面能吃、能喝、能唱、能跳，但开业以后一直人气淡薄，难以为继。王先生针对在广东地区中型川菜馆一般都人气不旺的普遍现象和餐馆所处的环境是当地人比较多的情况，决定改经营粤菜。由于餐馆的硬件比较好，餐馆所处的位置人流和车流都很可观，王先生把菜品和价格都定位在中档偏高的水平上。

王先生是厨师出身，师从粤港两地名厨，掌握多项菜式的烹调，尤其是在鲍鱼、鱼翅的制作技巧上颇有独到之处。开业之初，他亲自下厨打理。那段时间里，食客盈门，人气旺盛，特别是 4 个卡拉 OK 房，天天爆满，收入十分可观。过了几个月，王先生忙于接手另一家餐馆，便把经营和菜品部的业务交给合伙人负责。一个月后，王先生却意外地发

现，餐馆的营业额渐渐下降，人气也日渐转淡。拿起菜牌看看，菜式还是那几种菜式，价钱还是原来的价钱。王先生百思不得其解。

有一天，一位几个月没见面的同行好朋友与他的几位亲戚来到餐馆用餐，论辈分，这位朋友应该是王先生的师叔，王先生囿于交情和对长辈的尊重，在用餐快结束的时候来到朋友的房间问候。这位朋友不但当过厨师，还从事过经营和管理。一番寒暄后，朋友婉转地说："现在厨房的菜品不是你打理的吧？"

王先生一怔："怎么了？不合口味？"

朋友点点头："是的，口感、味道都远远比不上以前了！你看看这猪肘节瓜汤。"朋友用筷子扳动着碟子上汤渣中的几块猪肉说："我的这帮朋友本来是最爱吃煲过汤的肉的，可今天饭都已经吃完了，这几块肉都没有人动。为什么，那是因为这汤还没熬够时间，肉还是硬邦邦的，这汤也就不好喝，看看煲里面还有很多汤就可以知道我没说错。你是个里手行家，你应该知道这汤是否够火候。再说，以前这汤还下些章鱼用来渲染味道，现在没有了。又比如，那蜜汁叉烧本来是你的拿手好戏，而现在端出来的，已全然不是那么回事了，再说那脆皮烧鹅，已经名不副实……你这餐馆的价格不低，刚开业的时候由于菜品有质量，比起同档次的餐馆，你们的价格显得便宜，但是，以现在这样的质量，价格就显得贵了。"

朋友的一番话令王先生大受震动，于是他抽出一周时间，蹲在厨房里抓菜品质量和菜式调整，抓人员调整。菜品质量上去了，食客也慢慢多了一些，但却始终不能恢复到以前刚开张时的境况。

　　他又把上次的朋友请来求教。朋友品尝过一些新菜式，看过价格后，没有说什么，只是说：今天晚上我们一起开车出去，我带你到一个地方吃饭。

　　晚上，王先生跟随着朋友来到另一个城市近郊，一个自己没有到过的地方，车子已经远离了主干道，拐进了一条小马路，在小马路上又拐了好几次弯，才在一家餐馆前停下来。好家伙，餐馆门前的宽阔的停车场已经停满了车。再看里面，大厅上，房间里，人头涌动，王先生细细打量这餐馆，装修和自己的差不多，餐位也大致相同，再看菜牌，很多菜式自己餐馆也有，但是价格却普遍比自己餐馆低了10%。王先生特意点了几样自己餐馆也有的菜式，深感其烹调技艺不在自己之下。

　　这时，朋友开口了："对今晚这顿饭，你有何感想？是不是感到既好吃，又便宜？"

王先生十分感慨:"你说得很对,'既好吃,又便宜',怎么我就想不到呢?"

朋友又说:按照你的餐馆的地理位置和出品质量,你们现在的价格本来不算贵,但是由于前一段时间你们走了弯路,损失了很多熟客。现在大街上餐馆多得是,客人们有很多选择,你要他们对你的餐馆有一个重新的了解,得有一定的时间,你只有用优惠的价格,用好吃又便宜的噱头来吸引他们回来。

王先生回到自己的餐馆后,除了继续对每一道菜式再作精细的调整外,还在节约费用上做了一些工作,把成本压低了5%,于是把价格也平均拉低了5%。同时,把新的菜式和价格调整的信息通过宣传单张,发动经理、主任、部长甚至服务员,通过他们广泛地联络以前的熟客和新客。很快,餐馆的生意又红火如前了。

餐馆赢在只菜
Canguan Ying Zai Juece

→ 评 点

　　尽管影响餐饮生意的因素有很多，比如环境、服务、诚信等，但是对于那些对这些因素有近似要求的同一层次的人群来说，"既好吃，又便宜"是最重要的。这是不同层次的食客外出用餐时选择餐馆的共同原则。富有而又讲求体面的客人，他们在追求幽雅或豪华的餐饮环境和优良服务的同时，并不忽略这一原则，只是他们所说的"便宜"是在他们那个层次中的"便宜"而已，与草根阶层的"便宜"的概念不同。上述案例中另一个城市近郊远离公路主干道的餐馆门前停满汽车就是最好的明证；收入一般而又喜欢间或到外面潇洒潇洒的普通大众或草根阶层，就更是这一原则的忠实实践者。崇尚这一原则，以之指导自己的经营管理，这是很重要的经营理念。

　　餐饮企业毕竟是以销售吃为主的企业，客人们进餐馆的终极目标都是为了吃。因为吃得好吃得值，能给人带来愉悦和满足，所以，吃得好吃得值是所有不同层次的客人首要考虑的事情。就是抱着洽谈商务意向的客人，他也不会愚蠢到把客人带往菜品不好吃的食肆去摧毁自己的商谈项目。从这个意义上说，好吃又便宜是诸因素中的第一因素。当然，对于相同或近似的菜系，好吃是绝对的，富人和穷人的味觉不会有太大的区别；但便宜是相对的，它存在于比较之中。不同层次的人有不同的感觉，只能在同档次的餐厅中作比较。你的菜品只要比同档次餐厅的价格低，而质量却不比其低，你就有了价格的优势，可望在竞争中处于上

风。因此，好吃又便宜应该是所有层次的餐馆兼容的经营理念，是一个餐饮企业必不可少的经营定位。这是由餐饮市场趋同性所决定的。

而在好吃与便宜的较量中，对于以中等收入者为主要销售对象的中档餐厅，只要价格不相差太远，好吃似乎更重要。

笔者和太太都是懒于入厨之人，住处附近的海鲜城或什么渔港之类的食肆便是我们常光顾的地方。我们都喜欢一道"榄角蒸海缠鱼"的菜式。比较了两家餐馆，我们最终还是选择了贵 5 元的那一家，因为，他们的那道菜实在是太美味了，口感特好，虽然贵一点，但是值得。与有相同爱好的朋友谈起，他们也有同感。

要贯彻这一理念，要坚持这一定位不是轻而易举的事情。首先必须有好的厨师，还要有持之以恒的菜式开发机制；同时还必须出大力压低成本。

4 瞄准白领定档次

在中东名城迪拜，有一家台湾人开的小型中国餐馆，笔者曾经几次在那里品尝过地道的家乡菜，比如红烧鲫鱼、脆皮烧鹅、桶子油鸡、遮遮鸡煲、腊肉炒菜心，等等。而且笔者还观察到，在那里用餐的除了些许中国人以外，还有大部分来自欧盟、美国、英国、印度、巴基斯坦、斯里兰卡等国家的人。

在筹备开业时，餐厅的经营者们曾担心在这里开餐馆会因为人种太多而产生众口难调的问题，更担心这里中国人不多，开设中餐会遭到冷遇。但老板却又看到，餐厅所处的大街布满金融机构和高级写字楼，来用餐的人很多，而其中很多又都是银行的职员和这些写字楼的员工。那些白领们收入都非常可观，对午餐的档次要求也相对较高，尝新的欲望比较强烈，更有就近的方便，把商务用餐也选择在这条街道的稍有档次的餐馆里。而在这周围已经有了一些印度餐馆、美国餐馆、法国餐馆和阿拉伯餐馆，唯独没有中国餐馆。老板估计，如果在此经营一家有中国

文化色彩和特殊中国风味的餐馆，一定也会吸引这些人，从餐饮市场的大锅里分一杯羹。

每到周末，特别是冬天，迪拜的气候清爽宜人，每天的气温也就在20摄氏度到25摄氏度，街道上人流也很密，附近一些小马路上还有若干服装、饰品市场，游人一拨一拨的，他们走累了，也喜欢寻个吃喝、休息的去处。正因为老板在决定接手这家餐厅的时候就已经看到了这一市场需求，所以力持己见，把餐厅的装修、以及菜品、价格档次的定位确立为中档略偏高，以满足这些白领的需求和游人的需求。在这里，既可以品尝正宗的中国快餐，又可以享受为结合当地人口味和饮食习惯而改造过的中国式快餐。餐馆的大堂以中国字画和精细的木雕渲染出强烈的民族色彩，雍容而又不乏优雅，白领们既可以几个人聚在一起来吃，边用餐边品味中国的文化艺术，又可以把午餐买回写字楼慢慢品尝。餐馆开张以后一直食客盈门，收益十分可观。

无独有偶，在广东省的省会广州市，有一家比较高档的海鲜酒楼，位于人流稍疏落的马路边。在商议是否接手的当初，几位合伙人意见并不统一，有人很担心会在这样的地段做砸了，后来，请了一位相熟的餐饮界前辈来做参谋。

前辈说：不用担心，其实，经营餐饮，在哪个地段都可以，关键是看你的定位，也就是说，你定下的目标顾客群是些什么人。你能准确地针对这些群体确定其菜品的品种、档次、价格以及提供的服务，那么，成功的几率就很大。这条马路虽然人流不甚可观，但是，你们注意到没有？路边有几栋二十多层的大楼，而这些大楼都不是纯粹的住宅楼，而

是商业用的建筑，里面都是一些大公司、外资公司、律师事务所、会计师事务所之类的写字楼，白领众多，午餐和早茶的需求都比较多，这些人每月的收入多则七八千元，少的也不下三四千元，他们的消费不同于普通企业的员工，午餐消费在5元左右。我调查过了，他们都比较注重自己的身份，不会去那些低档的大排档用餐，而都喜欢在不远处的一些高级海鲜城，几个人合伙点菜，要一两瓶啤酒，乐一乐，既吃得好，吃得开心，又能消磨时光。平均每人的花费也就是十几元，他们花得起。再看隔一个路口，那是一个大型的展览中心，长年都有展览活动和大批游客，而那边却少有餐饮店，设展参展的厂家、商家和买家也都是出得起钱的人，如果我们以这些人为我们的目标顾客群，餐馆能办得上档次，有很好的产品和服务质量，餐馆不但能为他们准备体面可口的午餐，还可以为他们提供商务用餐的优质服务，那么他们一定会成为餐馆的常客。还有，你们有没有注意到，这里靠近公园，公园里有一间很高档的餐馆，用餐环境很好，菜品精美，价格几乎比得上四星级宾馆的餐厅，但是却人气旺盛，天天爆满，门口经常停满了车，周末周日，人们还甘愿轮候近一个小时等一个位置。再看看我们餐馆，周围绿化环境很好，还有一定数量的停车位置，如果以绿色环保为主调，强调幽雅的风格，使内环境与外环境相呼应，再把菜品也搞得很精美可口，餐馆一定不会做砸，相反，生意还会做得相当火红。

几位合伙人觉得前辈的话有道理，决定办一个中高档的餐馆，装修上，以绿色植物做间隔，把大堂分成几个区间，雅致而又有条有理；房间均以名花名草命名，房内以中国花鸟画点缀；菜品以精美、中高档为

主；茶市贯穿整天时间，11 点半钟以前 8.5 折供应。午餐设白领套餐，既有适合四个人的，也有适合单个人的，生意做得很活。结果正如那位前辈所预料的，人气相当旺盛，餐馆一炮而红。

→ 评 点

　　笔者很欣赏那位前辈的一句话："其实，经营餐饮，在哪个地段都可以，关键是看你的定位，也就是说，你定下的目标顾客群是些什么人。你能准确地针对这些群体确定其菜品的品种、档次、价格以及提供的服

务，那么，成功的几率就很大。"

不知道读者有没有注意到，眼下，在一些大中城市的郊区，都活跃着相当数量的餐馆，有规模相当大的，有中等的，也有小规模的，这些餐馆，有在路边的，也有远离主干道、经过九曲十三弯才能找到的，更有前不着村，后不近店，周围少有住宅区，甚至少有人居住的，但它们的生意都很红火。在人烟稀少的地方开餐馆，本是普通认识上之大忌，但为什么这些经营者都能成功呢？就是因为他们找对了经营定位，把目标顾客定位在城里或附近乡镇的寻求休闲情趣的有车一族身上。以目前的趋势，这个群体，正高速膨胀，只要你的餐馆有菜品的特色，有环境的特色，好吃又便宜，他们就会开着车往你的餐馆送钱。

在广州市区边缘地带一条不起眼的小马路边，有一家小餐馆，一楼大堂有二三十个餐位，二楼大堂为雅座，也不过三张大圆桌加两张小方桌，外加两个雅间，但布置得相当有品位。全是硬木家具，古色古香。周围虽然都是住宅区，但都是老城区的低矮的老房子，并非气势磅礴、占地阔大的现代屋宇。按道理，在这里开店的话，就应该开一些比如粥粉面店之类的大排档，以适应周围的平头百姓；可老板却反其道而行之，把出品和价格都定在中高档，在这里还可以吃上做得很地道的鲍参翅。原来，老板是一位从五星级酒店出来的厨师，此人厨艺上乘，社会关系极其宽广，尤其是与餐馆附近的政法机关、事业单位的经常需要到餐馆作公务消费的领导、办事员相当熟，这些人消费额度高，嘴刁，要吃好东西，又希望不要过于张扬。于是老板就以他们为目标顾客群，决定在此地开设餐馆，并对一连串的服务、装修、菜品、价格等要素作出恰如

其分的定位。果然餐馆一开，这帮人纷纷来捧场。更由于菜品确实很不错，也吸引了附近一些经济宽裕而又讲究吃得好的住户，毕竟餐馆餐位不多，费用较少，因此天天都要翻两三轮桌。好多时候还要提前订座。生意做得很红火。

　　前辈的话实际上是抓住了市场的特殊性。我们应该永远记住一条，那就是任何普遍中都有特殊，认识到了这种特殊性，因地制宜地利用它，往往会走上一条赚钱的捷径，获得意想不到的效果。

5 文化包装悦客心

在南方一个中等城市的远郊，由于此地属较平缓的丘陵地带，很多地方都建立起不同形式的以山庄命名的餐馆。由于都有山坡，所以，这些山庄除了以山、以水为卖点外，都分别创立了自己的经营个性，并以此吸引从四面八方而来的城里人。

在其中的一个山庄，老板看到有一条三四米宽的小溪沿着自己山庄的山坡缓缓而下，溪流曲折，潺潺有声，颇有诗意，便萌发起以文化包装营造山庄的经营个性的念头。他请了一位老诗人来，参考了江南一些园林资料，冥思苦想地在这条小溪上动心思，他要让这山庄体现出高雅的文化档次。于是，他在这小溪上造瀑布、修鱼池、种荷花、植杨柳、育奇竹、养鸳鸯、立奇石、修小桥、玩流觞、设垂钓……比如，在一处落差比较大的地方建人工瀑布，既有声势，也有景色；在稍宽的地方再适当扩宽修建鱼池，鱼池中养育着颇有观赏价值的锦鲤，在较平缓的坡段修筑小桥，桥边点缀十来株弯弯的杨柳，池中，两对鸳鸯悠闲戏

水……并在小溪的两旁建起一个个房间，在面向小溪的一面设玻璃幕墙，让小溪及小溪两侧的秀丽景色尽收眼底。在坡段平缓处建起的那个房间里，还别出心裁地引入一段弯曲的溪流，让客人模仿古人玩"曲水流觞"的游戏，把木酒杯放到水中，酒杯漂到谁的面前谁就要喝酒，把酒宴推向一个又一个高潮。每一个房间都冠以与外面景致相衬的名称，如"银河下凡"、"鸳鸯戏水"、"小桥流水"、"曲水流觞"、"香远益清"，等等。房间内，以素雅的格调，衬托起一些与该房间对应的小溪景致匹配的书画作品。比如，在可观赏瀑布的"九天银河"房间里，一幅气势磅礴的李白《观庐山瀑布》的草书作品中堂横列，与小溪上的人造瀑布相映成趣，客人们把酒欣赏潺潺作响的溪流，颇有一番韵味；又如在"曲水流觞"房间里，一张"李白醉酒"的国画与一幅李白《将进酒》

的草书作品特别引人注目，"人生得意须尽欢，莫使金樽空对月。天生我材必有用，千金散尽还复来。烹羊宰牛且为乐，会须一饮三百杯……"慷慨激昂，豪气十足！客人受此意境渲染，多能举杯尽兴。

在菜品上，他们还把一些菜式也冠以文雅的名字，在菜单上雅俗同列，让人在品味意境的同时也清楚明了地知道菜式的实际内容。

山庄建起后，果然吸引了不少文化人，如书法家、诗人、画家、楹联学者等。一些喜欢附庸风雅的生意人对这种环境也特感兴趣，常把生意伙伴和家人带到这里来。

一天，一对从国外归来的老华侨餐后还兴致勃勃地沿小溪一间一间房地仔细观看，看毕赞不绝口，认为山庄弘扬了中华文化，并建议在山庄定期举行雅集，邀请一些"胸有诗书文墨"的雅士参加，把最下面的一间房改名为"聚雅轩"，吸引他们留下墨宝画作，以不时更新房间的壁挂，给人以常新的面孔，不断给客人以新鲜感。

现在，山庄生意越做越旺，老客人、新客人济济一堂。如果在周末和长假期，不提前两天订位，恐怕难享受到小溪旁房间的妙趣了。

→ 评　点

文化包装是品牌策略的一部分，就餐饮业来说，它包含产品、环境、服务三方面的包装。上述案例中的山庄注重了环境和产品的包装，已经取得了不菲的成绩。可见文化包装是一种切实可行的赚钱手段。

所谓文化，是人类物质生产和精神生产产品的总和，习惯上人们多

指后者。精神产品有好多种，诗词歌赋楹联画作之类的只是其中的一部分。科学、社会形态等都是文化的重要组成部分。所谓文化包装，正如笔者在另一本书上陈述过的那样，是把文学、艺术、科学等方面的理念结合到餐饮文化中来，实现最好的交汇点，把文化气息融入餐厅的内外环境的创造中。用这种创造来表现一定的精神内涵，从而把餐饮环境推到更高的欣赏层次，使欣赏者不由自主地把自己融入环境中，获得情趣，吃得开心，也喝得开心了。

我们发现，有些主题公园就以成语为主题，在路石上、墙壁上、柱子上刻有许多成语及其简单的案例，甚至在树干上也挂着，让人们在欣赏公园的景致的时候得到精神上的熏陶。有些餐厅采用了这种意念，也搞起了主题餐厅，比如海员餐厅或海员宾馆开设的餐厅，就以海洋和海船的景物为摆设，风帆、船舷、救生圈等，墙壁上、门窗玻璃上刻有航

海的知识、航海家的案例等。又比如某大型连锁湘菜馆，除了用灯光映衬出一些有关岳阳楼和洞庭湖的名联外，还在所有的门和屏风的玻璃上刻铸了湖南菜的好多菜式和制作方法以及民间一些有关饮食上的案例。就连洗手间他们也将其命名为"听雨轩"，颇有趣！

可见，今天的餐饮业，已大大不同于刚改革开放那个时候了。餐饮文化的发展已跟随着社会的进步日新月异，餐饮消费者的消费心理也在渐渐地变化中，已经从仅是对食品的品味向多方面品味延伸，比如对环境的文化含量的讲究便是其中一种。

笔者最近到了美国，观察到一些高级的餐厅就很在乎文化环境的营造。比如演奏美国轻松浪漫的乡村音乐；利用代表餐厅所在的地方的名气的道具为客人照相留念等。

这种消费心理上的渐进性我们是必须跟紧的，不然就会慢慢被市场淘汰。

6 造景目的自然化

一个星期五的上午，朋友来电话："今天中午有空吗？带你去一个好地方。"

随着朋友的车，来到了远郊一个岛上，很久没有到过这里了，想不到这里已经建起了一座度假村。

把车停在门口后，我们步入度假村的餐厅。一进门，里面的景观就令人叹为观止。这个度假村已经把餐饮和旅游融为一体了。首先映入眼帘的，是一口很大的鱼塘，鱼塘的周长起码有一千米。围绕着鱼塘的，有一半是水榭般的餐厅，有大堂、有房间，一半在岸上，一半伸出到水塘上，由水塘中的木柱支撑着。木的栏栅，木的金字架，木的地板，木的杯碗，木皮做的房顶，给人以原始朴素的质感。围绕鱼塘的另一半全是一间又一间彼此隔着几米距离的杉皮木屋。这些木屋全部建造在水上，全部都是客房，面向水塘的一侧，还有用木栏杆围着的小阳台，可供住客出来观赏荷塘景色。塘中央蓬蓬勃勃生长着一片荷花。当其时，正值

荷花初放，点点粉红在嫩绿中格外妩媚。几只水鸭在水上悠闲地流来漂去，构成了一幅美丽的水乡写意国画。如客人喜欢在餐厅进餐，一边赏花、钓鱼一边品美酒，喝靓汤，尝美食，那是何等的惬意啊！如客人带着心爱的另一半，希望享受二人世界，不希望外部世界的喧嚣打扰了自己的兴致，那就可以租用荷塘边的客房，吩咐服务员把饭菜酒肉送到房间里来，一边享佳肴美酒，一边享人间艳福；兴致来了，拉开窗帘，把荷塘中间的美景引进屋子里来，此乃人间一大快事也！

再细看这些餐厅和客房，全都宁静地掩映在婆娑的荔枝、龙眼树中。越过这些果树，小路的那边是一条小河，河两岸同样有很多间类似的杉皮客房置身在墨绿色的树丛中。小河中间有两座线条简单，没有任何雕饰的木拱桥，小河边的荔枝树下系着三条小船。据说，这几条小船是供房间里的客人饭后茶余沿小河寻趣用的。眼前的景致，使人很自然地就

想起了"野渡无人舟自横"的美妙的意境。这小小的度假村，展现在人们面前的是一派优美、静谧、质朴的田园风光。

听说那些客房外表虽然质朴，但是里面设施齐全，布置幽雅，堪称雅室，很想参观一下，但是经理颇歉意地摇摇头说："都住满啦！实在不方便参观。今天是小周末，这些房间都是前天甚至大前天就已经订下来的了。就算是平时，来这里求宿的人也是挺多的。我们几乎是每个星期都要加班。这段时间，政府部门还把我们这里当做定点接待重要客人的地方，附近的一些大学和文化单位，也看中了我们优美的环境和精美的出品，几乎是固定地把我们的一些客房和餐厅的房间包了下来，所以特别忙。"隔着荷塘，我们抬眼往餐厅那边望去，无论是大堂还是房间，果然是已经宾客满座，侍者们脚步匆匆。

酒席间，与朋友的熟人们聊起这度假村，他们都赞不绝口，十分佩服老板的见识和创意。他们说，这里之所以那么受客人青睐，除了菜式丰富，味道诱人，原材料都是本地农家出品，极少污染，颇有地方色彩，因而很受人欢迎以外，主要是餐厅的景色优美、环境近似自然，极少人工雕琢的痕迹，因而空气极其清新，俨然一个大氧吧，一个很有品位的公园。每天看惯了高楼大厦和喧嚣拥挤的马路、街道、商店；每天面对压力越来越大的永远都做不完的工作；每天面对令人谨小慎微的办公室政治，精神高度紧张的都市人，一旦来到这里，映进眼帘的，感受到的是这里自然、安宁、轻松、自由、朴素的环境，就本能地把一切烦恼都丢到脑后，全身心都得到放松，面对碧水，面对绿树，面对纯情恬静的莲花，纵情地呼吸城里根本不可能有的清新的空气，痛快淋漓地喝酒、

谈笑；或静静地从钓鱼杆上寻趣，人们不来才怪呢！

饭后，经理来到了我们的房间与我们闲聊，我们才知道。这里原来到处都是鱼塘、河汊、果树，但是很多人都跑到城里干活去了。老板眼光独到，一眼就相中了这块宝地，认为这里离市中心虽远，但正因为远，才能够使各式自然的生态环境保存下来，才能够把被城市的污染和嘈杂弄得疲惫不堪和烦躁无比的人们吸引到这里来，因而建度假村经营特色餐饮一定有很可观的前景，于是通过不懈的努力，终于把这里的一大片地征用下来。经理还说，现在我们看到的只是第一期工程，今后还有第二期、第三期……我们要扩宽餐厅，开设健身康体美容娱乐的项目。到时我们这餐厅的规模和形象就非今日所比了。

→ 评 点

也不知从何时开始，一到周末的傍晚，或者国庆、五一等长假，从城区通往郊区的公路上就排满了小汽车，公务的、公车私用的、私人的，林林总总，一部接一部地往城郊的度假村、饭庄、山庄、餐馆飞驰。去那里干什么？光是为了享口福、填肚子？当然不是。那是为了消闲，为了充分享受生活！吃其实只是消闲、享受中的一部分。如果光是为了吃的话，城里能吃得好、吃得有档次的地方多得是，何必老远地驱车几十公里花大半小时甚至一个多小时跑去，完事后又山长水远地匆匆赶回。除了追求吃出特色、吃得便宜的因素外，追求郊区自然环境的秀丽和恬静是一个很重要的因素。

返璞归真是富起来了的现代人在生活中的一种时髦的追求。笔者记得曾在建于沙漠中的中东名城迪拜的一间五星级酒店的餐厅用餐时的情景。由于那里的气温高得令人难以忍受。从三月到十月，日平均气温可高达四十多摄氏度。即使到了晚上，在户外哪怕是绿树成荫的公园、花园行走，仍会被逼出一身油汗和一腔烦闷。若要像中国江南地区和华南地区那样，在室外造景经营餐饮，即使造得美如仙境，恐怕也会无人光顾。但人类追求自然环境的心态驱使他们敢于耗费巨资，在一万多平方米的沙地上，以通透的材料做屋顶，让阳光能照进餐厅，使室内的植物有条件进行光合作用，同时以空调设施把室内的温度控制在 20 摄氏度到 25 摄氏度左右，然后就在餐厅内造景，把大量的泥土和石头运进去，并

架设起自动喷水系统。于是，千姿百态的奇花异草绿树翠竹，陶冶性情的鱼池石山瀑布溪流便构筑起一片又一片优美的大自然美景，一张张别致的餐桌就置于这些美景中。这些美景使这餐厅具有了无与伦比的魅力和引人神往的卖点。一年四季，昂贵的价格都挡不住人们决意要迈进这家餐馆的脚步。

而上述度假村的餐厅之所以人气旺盛，除了吃的因素外，造景的自然化是很重要的因素。木屋、木桥、木船、木餐具，散布着原始、简朴的气息，当这些看似粗陋、土气的设施和用品与碧水荡漾、水鸭悠悠、果树成荫、荷花秀丽、垂钓闲适等自然景观融合在一起的时候，那么，乡村田园的天然秀色便成为了餐馆造景的主调，这正迎合了食客们返璞归真的追求。使他们在欣赏眼前景色的时候，把自己也融入景中，从而激活了情趣，从人生日常的苦与乐中超脱出来，使他们获得一种洒脱的、与景致合拍的美的感受。这便达到了把人自然化，同时也把自然人化的欣赏境界。这就是为什么很多投资者在寸金尺土的城区内开餐馆仍然坚持在方寸之地尽量使造景自然化的原因。

可见，餐饮市场中消费者追求自然回归的心理属性是餐饮投资者和经营者都不应该忽视的。它贯穿于创业、经营、管理的全过程中。

7 快餐好过卖面包

在华南最大的商城——广州市的一座二十多层高的商业贸易中心附近，有一家中等规模的茶餐厅，生意挺不错，每天中午，来就餐的人络绎不绝，营业额保持在相当稳定的高水平上。两位合伙人都是餐饮界的老行家，对业内的经营管理有相当丰富的经验，他们同时都因为在靠近门口的狭长地带没能充分利用而感到有点可惜。但摆桌子又摆不了几张，两人一致认为不如在此设外卖。但是，在设什么样的外卖上，两人有了分歧。王先生在投资上经验多一点，他主张卖西饼面包；陈先生在经营管理上经验多一点，他主张卖快餐。

王先生的依据是，这里附近经营西饼面包的店面不多，周围写字楼的白领们和住宅群的居民的购买力都比较高，如果经营一些档次高一点的西点和面包，超越附近的同类型店铺，一定能经营出自己的品牌，争取到相当的营业额。陈先生的依据是，卖面包和点心不是不可以，但是营业额一定比不上卖快餐。因为二十多层的写字楼和几千平方米的商业

街就在餐厅的楼上，比起住宅，附近的写字楼和商店也更靠近餐厅，里面的白领们以及商店的员工们对午餐和晚餐的需求量相当大，从每天来就餐的人经常坐满大堂，高峰时间还要等位就可以看出来。中国人的正餐习惯于吃饭，以菜和肉拌饭。西点面包多为其调剂性的食物，因此，以米饭和粉面为主的快餐的需求量要比面包点心多得多。再说，如果增加点心面包的制作，厨房就要增加相应的制作场地和设备，这会加大投入，把成本增大。但王先生并不完全同意这种看法。他说：我一点也不怀疑你说得有道理，但是面包点心的利润相对高些，如果做出名气来还会产生品牌效应，带动餐厅出名，吸引更多客人。

两人各持己见，相持不下，两人的股份又都一样，一时很难作出抉择。于是，他们召开中层以上管理骨干会议，把两种意见摆到桌面上，并申明希望大家都把餐馆的事情当做自己的事去对待。餐馆赢利增长了，

所有员工也就水涨船高，增加收入。他们是要让所有人各抒己见，希望能发挥群策群力的优势，把两种方案各自的利弊都比较清楚，然后作出决策。

会议上，大伙都为老板的民主作风感动，觉得老板这样做是看得起自己，因此都把根据自己的实践经验和平日与客人的接触在自己头脑中形成的经营理念详细地谈了出来。结果大家的意见都比较集中在开快餐上，认为这个项目更符合餐馆的实际，也能为餐馆赚取更多的赢利。

王先生终于顺应了民意，收回了自己的意见。

快餐档建起后，大伙都等待着客如潮来的盛况，但意外的是，人气并没有预先估计的那样旺。王先生有点坐不住了，问陈先生有什么看法。陈先生却相当镇定，他说：不能急。快餐档开张还不到一个星期，虽然营业额暂时还不高，但是你有没有注意到，来买快餐的人一天比一天多，营业额一天比一天高。这速度虽然不快，但毕竟是在向好的方面发展。这说明我们的快餐已经渐渐被客人所认识和认可。我很有信心，你放长

眼光看吧，少则过两个星期，多则一个月，营业额一定会有大增长。

令王先生感到欣慰的是，还不到两个星期，餐厅门口的狭长地带就排起了买快餐的长龙。他笑着拍拍陈先生的肩膀说：还是你有眼光，我写一个"服"字。

为了更方便一些买盒饭的客人懒得把饭拿回写字楼，吃完饭拍拍屁股起身就能抓紧时间去逛街或去办其他事情的需要，餐厅还在后门的地方专门摆设了几张桌子供他们就餐，外卖的生意越做越旺。由于快餐的质量比较有保证，现在连晚餐也人气兴旺了。

→ 评 点

上述案例告诉我们，在正确的决策制定后，就要有正确的经营定位。一个有几千餐位的大餐厅如此，一家大餐厅中的一个档位的经营也必须如此。

对于餐厅，可能更多需要注意的是市场的需求面，而对于摊档，作为餐厅的一个经营部分，它需要更多注意的，可能就是市场的需求点。这需求点，可能只是某些特别的人群，只是组成需求面的其中一个部分，但是，忽略了它，就是忽略了市场的需求，就是放弃了这部分市场，定位也就会出偏差。陈先生正是注意到这个需求点——二十多层的写字楼和几千平方米的商业街就在餐厅的附近，里面的白领们以及商店的员工们对午餐和晚餐的需求量相当大，从每天来就餐的人经常坐满大堂，高峰时间还要等位就可以看出来。中国人的正餐习惯吃饭，而西点面包多

作为调剂性的食物，因此，以米饭和粉面为主的快餐的需求量要比面包点心多得多——所以他才不屈不挠地坚持己见，并很有信心地预测两个星期到四个星期后营业额就会大增。当然，外卖的营业额能上去，也必须以高质量和适宜的价格为基础。

点面结合地迎合市场需求，使经营定位更加准确，就是辩证地看待市场的消费心理，更加灵活地适应这种心理需要。其实，中午或晚上到餐厅用餐的时间相对集中，餐位较多时候呈现紧张，会流失相当数量的客人，这时，外卖档快餐盒饭的供应便能弥补这一不足；再说，用餐的客人也不可能天天在这里挥霍时间，许多时候还需要赶时间去办各种事情，这时，盒饭就是他们比较适合的选择。而吃快餐多了，客人有时也希望几个人围坐一起，AA制炒几个菜热闹一下，反正餐厅出菜的速度极快，价格也高不了多少。

当然，市场的需求点并不是经常都很清晰地呈现在人们面前的，需要人们去细心观察和分析，需要人们以专业的眼光和从业的丰富经验去推测、求证。因此，餐厅两位老板召开中层骨干会议，发掘群众中积极的专业力量，以发现真正的市场需求点的做法，是很有推介价值的制定决策、准确定位的手段。俗语说："一人计短，二人计长。"再高明的老板，比起天天面对消费者，面对千变万化的销售、消费现象的一线业务骨干，也会在认识上有自己的诸多不足，正所谓"尺有所短，寸有所长"。因此，走群众路线，组织起餐馆经营管理的核心力量，是寻求正确决策和正确定位的正确思路。

8 永恒主题是新奇

　　汪先生夫妇都是知识分子，都已年过花甲退休在家颐养天年了，由于子女都在国外，生活逍遥自在，他们都不希望把时间耗在厨房、市场里，而希望有更多的时间看书、看报、看电视和交际，因此经常到外面就餐。住处附近以及他们经常交际活动的地方的餐馆差不多都去过了。哪一家餐厅有什么特别好吃的菜式他们都熟知。到处都吃得多了，各种喜欢吃的菜式反复吃过几次后就完全没有了新鲜感。

　　一天中午，他们俩在街上闲逛着，正愁不知道去哪一家饭店用餐的时候，却忽然发现对面马路新开了一家茶餐厅。招牌上以类似孩子写毛笔字的笔法大书"好味道茶餐厅"。门口的宣传牌上八个橙红色大字"款款好味、新张八折"格外突出，上面还有一些名称很特别的菜式，如"怪味莲塘鸭"、"竹香走地鸡"、"青葱日月潭"，等等。往里一看，面积虽然不很大，有一百多个餐位，但是所有桌椅全是藤制家具，而且摆设得疏密有致，中间还有绿化间隔。靠近门口的墙壁镶嵌着一个很大

的灯箱，灯箱又分割成好多格，每一格就是一道菜式的图片，剔透明亮，很有质感。里面的墙壁也有灯箱，里面是一些以吃为主题的民族风情画，这些画通过灯箱的衬托，特别引人注目。靠路面的墙壁全换成玻璃，食客桌面上色彩斑斓的菜肴以及餐厅内布置的雅致堂皇，清晰地呈现在路人面前，散发着诱人的魅力。迎宾和服务员的服装都一色橙黄，整个餐厅呈现橙黄的色调，给人以温馨的感觉。

站在门口的迎宾看到驻足观望的汪先生夫妇，便近前一步亲切地说：先生、太太你们好！外面太热了，里面开了冷气，很凉快。你们可以进去坐下来慢慢看。不消费也无所谓的。觉得合心意就点几个菜尝尝新。新菜式很多，完全是新概念新制作，款款都追求色、香、味齐全，相信总有几款会令你满意的。今天的头 50 位客人，将得到我们的贵宾优惠卡和藤制工艺礼品。

汪先生夫妇觉得扑面而来的是一股清新的气息，脚步便不由自主地迈进了餐馆。

藤椅非常舒服，有沙发的松软感，却没有沙发的闷热感，桌与桌之间的距离一点不觉得挤迫。藤桌子上面铺上厚玻璃，通透清亮，给人以洁净的感觉。玻璃下压着内容详细的菜单，菜单也就永远不会污迹斑斑叫人生厌，叫人不乐于染指。客人只须动眼动嘴不动手，不需担心把手弄脏就可以完成点菜的过程。

汪先生夫妇点了个"竹香走地鸡"和"青葱日月潭"。原来前者是用新鲜的竹筒焖蒸从产地采购回来的有名的清远放养的小母鸡，此鸡鸡种优良，另加一种特殊的调料，入口爽滑细嫩，既有传统蒸鸡的浓香，

又有新鲜竹子所特有的清香；后者是用肉、虾米、冬菇等作原料，拌匀，酿在切成一截截的节瓜里，上面铺上切成片的熟咸蛋黄和切成弯月似的熟咸蛋白，其造型很别致，卖相很好，再以其形状和颜色命名，颇吸引人，最重要的是。此菜式味道极其美妙，口感极佳，品之齿颊留香。

汪先生夫妇惊奇于这样的小店居然能做出如此奇特而又好味道的菜品。此后几天也就常来光顾，分别点了不同的菜式，有些菜式是别的餐馆没有的，味道不错，有些菜式是别的餐馆也有的，但是却味道奇佳。比如汪先生夫妇经常点吃的一款清蒸黄骨鱼，就比以往吃过的味道都要好，也不知道他们是怎么烹制的，特别鲜甜，特别甘滑，还有一股特殊的香味。

汪先生夫妇观察到，餐馆开张以后，人气极旺，中午过了 11 点 45分之后，就很难有空位置了。此后，这茶餐厅一直保持着菜品的高质量，并且不断地增加新奇的菜式，生意便越做越旺。

→ 评　点

对于文学艺术影视艺术的创作，读者们、观众们追求的，永远是不断出新出奇的主题、情节和表现手法，那么对于餐饮业来说，消费者永恒追求的是什么呢？除了上述所说的好吃和优惠的价格的因素外，恐怕就是餐饮产品、服务方式、经营手法的新与奇了。

上述好味道茶餐厅虽然只是一家小得不太起眼的普通餐馆，他们的追新追奇只是餐饮市场中的一个很小的缩影。但是却很有启迪意义。该餐厅位处中心市区旺中带静的一条小街道，其所连接的大马路虽然很繁华，人流密集，但会走进这条小街道的不多，好在周围都有住宅区，因此，他们的目标顾客群便不是附近商铺、写字楼的员工以及逛街的行人，而是家庭客。家庭客的特点是消闲型的，特别讲究好吃和便宜，且追求不断有新鲜感。做家庭客的生意往往就是做熟客的生意，价格不能太高，但味道一定要好。因为他们经常外出用餐，尝过各种菜肴、各式味道，再好的味道，尝多了也会麻木，觉得它不怎么样了。所以很重要的还得用不断出新和出奇的手段去吸引他们。比如环境的新、服务的新、经营手法的新、菜式的新、味道的新、价格的新，等等。

好味道茶餐厅追求的就是环境的新、价格的新以及菜式的新和味道

的新。看，他们在装修上动了心思，马上就吸引了汪先生夫妇的眼球，接着，是餐饮产品的新奇，如菜名的新奇和菜式制作的新奇，令他们产生了好奇，此外，八折的价格、菜品的味道都是其他餐馆所没有的。这一切，都给他们带来了新奇感。此后，又不断地更新菜式，保持了他们的新奇感，所以，餐馆便能像磁铁一样，吸引着他们成了常客。

可见，追求新奇，这就是消费的心理属性，是恒久不变的经营理念，是正确决策和定位时不能不考虑的重要因素，作为餐饮业的投资者或经营者，就更要牢记这种理念了。

9 守得云开见月明

深圳是一个移民城市，是移民拼搏赚钱、享受生活的大舞台和大乐园，内地、台湾、香港都有很多人争相登上这大舞台竞技、置业。不少人因此从一文不名的打工仔跃升为腰缠万贯的富豪。秦家兄弟都是香港餐饮界资深的管理人才，深圳蓬勃发展的餐饮市场早已引起了他们的注意，2002 年，他们决定辞去本身的职业经理人的工作，合伙到深圳开茶餐厅。

朋友介绍他们租用一间 15 层商住楼的三百多平方米的底层作餐厅。面积的大小正合他们的期望，租金也出乎意料地便宜。但问题在于马路是新开辟的，商铺和住宅都不多，人流、车流都比较稀疏。弟弟很不中意，说："如此淡的人气，周围又没有餐馆，根本就没有做饮食生意的氛围，这可是做餐饮的大忌啊！"但出乎意料的是，哥哥却很满意，认为这里开餐馆有很多有利条件。一是租金太便宜了，而且保持两年不变，成本将大大地降低；二是马路对面正建设着一个大型的现代化购物广场，

看样子顶多再过大半年就能竣工开张，到时人流就会成倍地增加，而茶餐厅正是这些逛商场的人最理想的休憩点；三是大楼的后面正在建一个居住小区，看规模居住人口起码在一万人以上，茶餐厅也是家庭客常光顾的理想消闲地方。因此从长远看，这里很有经营前景。但弟弟还是认为太冒险了，因为看眼前情况餐馆最少要守一年，一年的支出是多少呀？他简单算了一下，除去前期投入的装修费和固定资产、低值易耗品的购置费用，每月的租金、工资、水电、燃气至少要 15 万元，而看目前的周围环境，平均一天能有 5 千元营业额已经相当不错了，就以这水平来算，一个月的营业额也才 15 万元，按毛利 40% 算，也就是 6 万元，那就是说，每月至少要亏 9 万元。一年下来，就要亏 100 多万元，加上前期投入 70 多万元，那就是说一年内要占用 180 万元的流动资金。再说以后的购物广场和居住小区建成后能否就一定带旺生意，这还是一个未知数，风险太大了。

兄弟俩各持己见，相持不下。后来，弟弟为了照顾亲情还是参与了投资，不过只是 20 万元，自己跑到一家大型的酒店当餐饮总监，每月拿一万块钱的工资去了。

哥哥独力撑起了茶餐厅。他相信弟弟计算得一点不错，他的意见也有一定的道理，风险确实存在，但是他同时又很相信自己的眼光，相信自己的决策。他明白要使风险降到最低，有一件事情是必须要做的，而且必须做好，不能做坏，那就是在餐馆开张的同时，创立品牌菜式，迅速营造起自己的品牌，利用传媒和宣传画以及口碑把招牌打出去。虽然暂时人流车流都稀少，但马路边有停车位，可以吸引一些有车的客户，

因此经营视线应该适当延伸，把经营商圈的直径伸长一点，只要自家的菜品真的有魅力，就能用品牌吸引八方的食客。而这品牌应该是既能堂吃又适合外卖的。他想起了在香港工作时的拍档——一位手艺精良的烧腊师傅，他烤制的烧鹅、叉烧、烧鸡极受市场青睐，只要把他请来干一段时间，制作本餐厅的品牌烧鹅、烧鸡和叉烧，开出一条路子，胜算便大了很多。说干就干，他马上按照自己的计划行事，在开张前夕和初期，在直径400米的范围内广发宣传画，在报纸上造势，大张旗鼓地宣传本餐厅的品牌出品，并在开张三天内八折优惠。那几天，食客如云，虽然赚不了多少钱，但是他们的烧鹅、烧鸡、叉烧以及叉烧饭、烧鹅饭、烧

鸡饭以及实惠的价格却已名声在外了。

由于开张时的造势开展得有声有色，品牌产品又货真价实，外卖在营业额中占了很大的比重，比原来的估计高出很多。堂吃方面平时生意虽然还比较冷清，但是到了周六、周日却差不多满座，很多人都冲着品牌开车来一饱口福，开车来光顾外卖，餐厅每月的收支虽然还不能相抵，但是已经比老板弟弟原来的预算要好很多了，流动资金的压力大大地减少。

但是，不知道是不是上天故意要考验一下老板的毅力和坚韧力，楼盘和购物广场都不能如期建成。可能一拖就要半年甚至大半年。弟弟有点耐不住了，对哥哥说："长痛不如短痛，干脆把餐馆兑出去算了，亏一点总比继续亏下去要划算一点。"但是哥哥看到两个地方都还在开工，并了解到只是因为某些特殊原因使工程放慢，而并不是烂尾工程，所以认为不应丧失信心。不过哥哥心里也明白，虽然说守，但不能消极地守，不能听天由命地守，而是要灵活机动地守，要在守的过程中挖掘所有的积极因素，要守中有攻，要主动出击，这样才能把亏损降到最低。他想，这里目前既然不是交通要道，中午时分何不吸引一些的士司机来吃快餐增加营业额呢？中午的士的短暂停车买盒饭，管理部门不会抓得那么死吧。于是，他制作了一些专门面向的士司机的宣传单，让员工广泛发送给的士司机。想不到这招真灵，到来买快餐的的士司机越来越多，当月平均每天的营业额就增加了一千多元，从而减轻了资金压力。

他们就是靠着这股进取的精神，一直熬到购物广场和居住小区建好，

终于等得云开见月明。现在，餐馆已经人气鼎盛，并有了稳定的营业额和利润。兄弟俩正筹划着如何锦上添花，在原来的基础上扩大经营。

→ 评 点

投资餐馆，一开张便天天爆满，那是最理想的；但不一定很现实，因为这类餐厅只是少数，多数都要经历在开张后不断地完善、修正甚至艰苦地熬、守的阶段。有些人能够熬出头，像上述案例中的老板一样，守得云开见月明，有些人却终于熬不住，被无情的市场重创一番后，带着累累伤痕，挥泪斩"缆"，黯然退出。那么"守"的决策应该怎么定呢？即究竟什么时候、什么情况下该守，怎样守？什么情况下要果断放弃呢？这里大有学问。

好日子就要来了!

首先，要守的话一是要有明确的好前景，这个好前景必须在不长的时间内实现，绝不能遥遥无期地等，也就是说餐馆必须有守的价值，在守的过程中产生的亏损有比较大的把握在今后的可见的短时间内得到补偿。比如说，上例所说的餐馆，因为有大型居住小区和大型购物广场在建，有望能在可预见的短期内建成，而建成后的消费结构也适合该餐厅的经营方式和方向。这就牵涉专业眼光的问题和对社会的关切度问题。而前者，没有一定的投资或经营的实践经验和总结这些经验的能力，是不可能具备的；而后者，受性格支配的因素较多，因而，必须有意识地把这种关切变成自己的职业习惯，并把这种习惯看成是职业素质之一。投资者和经营者该记住，要在市场的博弈中取得胜算，就必须对市场有前瞻性的认识。

其次要有守的条件，这条件首先是资金的充裕，就是要保证在守的过程中不至于因亏损压缩经营资金和拖欠员工工资。因为流动资金周转不灵的话一定会影响原材料的采购，产品的质量和品种就会降低和减少，餐厅经营就会走进恶性循环；而拖欠员工工资只能使人心涣散、大家对餐馆前途丧失信心，无心工作。除了资金充裕的条件，投资者心理素质也是一个很重要的条件。因为守必须要有守的计划，不能走到哪里算哪里，投资者就要把计划内的亏损看做是投资的一部分，不要一个月下来，看到还在亏损就惶惶不可终日。这样的心态必然会乱了自己的方寸。概而言之，就是资金上、心理上都要输得起。不过，如果在守的过程中发现原来所期望的前景已经发生了以前预料不到的、无法逆转的、不利于餐厅的变化，或者资金来源出现了较大的问题，直接影响到餐厅的正常

运作，自己已经无法解决的时候，就要果断放弃，努力把餐厅转手，以及时止损，保住大部分的资金，以求今后东山再起。

最后不能被动地守，要有作为地守，守中有攻，以攻为守，也就是说，虽处于守势，但投资者经营者的心态却是进取的、积极的，而不是消极地听天由命地等待，要全方位地努力寻找经营突破口，就像上述案例中的老板那样积极地开创品牌产品和开拓新的经营路子——做的士司机的生意。

10 员工开心客开心

在广州一家高档中型餐厅里，总经理正召开各部门正副经理的每周例会，由于这次例会内容特别，参加会议的人员还扩大到主任和部长。会议的议题就是是否该设立安慰奖。原来，前些天发生了一件这样的事情：服务员小于正为一位经常到餐馆高额消费的客人陈先生对刚烧好的鸭子作片皮处理，刚开始，陈先生还在兴致勃勃地观看着小于的操作，看着看着，陈先生却突然脸色大变，高声质问小于为什么用不新鲜的鸭子来烧制，并在众多客人面前大声责骂小于："我是常客、大客，你竟然敢如此欺骗我，你以为跟我熟了就可以欺客？你知道我是什么人吗？你以为自己是谁呀？……"骂得小于一时不知所措、惊诧无比。虽然跟他百般解释，都无济于事。慢慢地，小于发现陈先生已经喝了不少酒，只好忍气吞声，先后请出主任、经理来摆平此事。事后，小于觉得很丢面子，很委屈，她怎么都想不通，自己并没有做错什么，原来熟口熟面的客人竟会说变脸就变脸。她躲在被子里哭了一个多钟头。第二天早上

56

起来的时候，眼睛都红肿了，上班的时候老是提不起精神来。结果，来喝早茶的几个老妇人嫌她老阴沉着脸，一声不吭是怠慢了她们，竟然对部长说：这妹仔吃错药啦，一大早就像丧门星似的，看见她真是不吉利！换个人来。不然我们就走啦！部长没法，只好临时调整了岗位，因为，顾客毕竟是上帝嘛！

　　总经理知道了这件事后，心想，小于固然不对，角色转换的理念还没有真正树立起来。按照行业对服务员的要求，服务员在岗位上，无论你在岗前受到多大的委屈，有多少不顺心的事情，都不能把不好的情绪带到岗位上来。但从另一个角度看，小于前一天晚上确实是受了委屈，她没有得到任何的安慰，没有得到任何的开解。服务员也是人，也有七情六欲。对于这些从农村来到城市时间还不长，所受的专业训练还很少，经验不足，年纪又轻的女孩子来说，要在短时间内靠自己的思想境界迅

速扭转情绪确实有一定的难度。但是，由于管理人员不多，每天面对八方形形色色的顾客，要对所有受了委屈的服务员作一番安慰，根本做不到。让她们带着委屈的情绪上岗，一定会使客人不开心。客人在餐厅消费得不开心，以后就不会再来。这事情要解决。于是他就想到了，不如设立一个安慰奖，用它来象征餐厅领导层对受委屈员工的理解，表示餐厅对她服从大局，虽然受到很大的委屈也坚决不与客人争辩的行为的一种肯定。从管理理论的角度看，这是要把管理和制度的建立定位在人性化的基础上。

例会上，大家发言很积极，楼面经理说：社会上的人极其复杂，各式各样的人都有，而这些人都能进来消费。其中不少客人素质不高，在餐厅里寻衅滋事、酗酒胡闹。我们对员工强调"客人总是对的"，"顾客就是上帝"，可是有些客人实在太过分。楼面服务员时常受到他们的无理指责和谩骂，但却不能争辩……说到这里，很多人都附和。不过也有人指出，不与客人争辩是最基本的素质要求，做好了是应该的，谈不上奖励；相反，做不到，应该罚。但这种意见却遭到大部分人的反对。

楼面部的主任说："'顾客是上帝'的服务宗旨我们必须坚持，但我们员工整天哑巴吃黄连，有苦说不出也是个问题。员工毕竟都是普通人，有情感、有思想，有最起码的喜怒哀乐！因此，在管理上必须考虑到这种感情。受了委屈，需要有一定的宣泄的渠道。"此时，在座的很多人都频频点头称是。于是她继续说："作为管理人员，我们必须有人情味，开展人性化的管理。其实大部分员工都干得很好。他们在岗位上所受的委屈太多了，如果不是在餐厅，而是在平时，完全可以据理力争，

辩个是非曲直。可是由于是在岗位上，他们牢记服务宗旨，坚持把'正确'让给客人，而自己只能回过脸去把泪水流到肚子里。这时，他们常常感到很孤立，很无助。在这种情况下，如果领导层不去关心他们、理解他们，去肯定他们的委曲求全，给他们送去温暖，让这股温暖彻底把他们在客人那儿所受的气冲掉，又如何要求他们能怀着饱满、开心的情绪上岗呢？他们不开心，自然就会影响到客人的情绪。影响到客人后续消费的积极性。

经过一番激烈的争辩和讨论，最后，会上大部分人都同意总经理的提议，增设一个奖励项目——"安慰奖"，向在服务过程中由于客人无理取闹而蒙受委屈，但却没有把不良情绪带进以后的工作中的服务员颁发奖金，作为对他们的鼓励和关心。由各组提名，然后由经理和主任会议核实决定。一个月评奖一次。

自从实行了这一措施以后，已经陆续有几个服务员相继获得此项奖金。比如，楼面服务员小赵两个星期前被一位客人指责没有按他的要求洗茶叶，虽然小赵曾耐心地解释说已经洗过，但结果仍然被客人当众奚落和责骂，指责她素质低下，工作不负责任，还向经理投诉。小赵为此还在宿舍哭了一阵子。后来经理经过调查，有服务员当时确实看到小赵洗了茶叶作证，而小赵也没有与客人争辩，只默默地忍气吞声承受了委屈，于是便把这个奖发给了小赵。这一个又一个的事例，使员工们感到很暖心，从而更加全身心地投入到工作中去。

→ 评　点

　　上述案例的餐馆把管理和制度的完善定位在人性化管理的格局中，进而作出设立安慰奖的决策，并在实践中切切实实地执行。这在现实中并不多见，因而，它更显得可圈可点。

　　人性化的管理是在科学的人性观基础上的以人为本的管理，讲求正视人的需求，肯定人性的合理性，维护人的个体价值。一切管理活动均应以调动人的积极性、做好人的工作为本。在一个餐厅的管理机制中，不仅要有一套严格的管理制度，还要在管理中处处体现对员工倾注爱心，为他们排忧解难，从而使员工对餐厅产生亲切感和归属感，使餐厅这个集体的凝聚力得以增强。我们的管理者特别要注意的是，在强调"顾客至上"的时候不要忽视了员工的感受，在内部的管理中，只有奉行员工至上的理念才能使对外关系中的"顾客至上"落到实处。员工开心，才有客人的开心。

　　客人的开心很重要。人不同于动物，有感情有思想，若是心情不好，再好的菜品，也会觉得不好吃，从而使心情更坏，令餐馆给他留下一个坏印象；但若是心情好，无论用餐或是喝酒喝饮料，都会有滋有味，从而对餐馆的一切都轻而易举地留下深刻的好印象。因此，餐馆的工作人员不可忘记，给客人制造好心情是自己的职业责任。

　　我们的管理者们不要错误地以为，餐饮业的服务员大多来自农村，文化程度偏低，专业素质较低，因而就可以对他们颐指气使，呼来喝去。

其实，他们和城里人一样，都是一个独立的个体，有人格受到尊重、希望得到激励和抚慰的需求，他们是餐饮业服务群体的主要力量，餐饮业的发展需要他们的积极性、主动性和创造性。他们和城里人一样，也只有在心情舒畅的时候才会最具备这"三性"。而当这"三性"得以尽情发挥的时候，也才会是客人最开心的时候。那管理者的目的也就达到了。

在内部管理中要做到"员工至上"，就应首先在思想上贴近员工，实实在在地为他们做点事。比如，生活上多关心，尽量为外地员工解决住宿，让他们先安居而后乐业。员工的伙食要有一定的质量，要按时发放工资，保证其合法的休假等权益。又比如，为员工创造学习的机会，提高他们的专业素质和文化素养，有条件的可以多办一些培训班，以满足年轻人渴望得到知识的需求。

　　上述案例中所设立的安慰奖，就是内部管理中"员工至上"的一种体现，是对服务员人格受损的一种补偿，这里既包含了物质的补偿，也包含了精神的补偿，还体现了对个体人格的关爱和尊重，所费无几，但能激发起的精神力量和物质力量却是无可估量的。不过，这只是人性化管理中的一个很小的环节，我们应该推而广之地去认识管理中的各个环节，把这些环节也纳入到人性化管理这一格局中。

11 品牌定位费脑筋

　　小陈和大陈两姐妹在国内经营服装赚了一些钱，后来双双移民到了美国的一个大城市。她们发觉在这个大城市中，餐饮业相当发达，大小街道上，大小餐馆星罗棋布，餐馆虽然如此之多，但仍然人气旺盛，有一些大餐馆还一天到晚都要排队等位置。再看看中国城，虽然面积不是很大，也就是国内一个小镇那么大的地方，但也有二十多家餐馆，虽然生意比不上市中心，但是仍然能站得稳稳的，于是她们便萌动了投资餐饮业的心思。

　　就在这时，中国城一家小餐馆的老板年事渐高，唯一的儿子又在中国经营餐馆，不想到美国去，于是老人家便想把餐馆转让出去，自己落叶归根，拿着一生积蓄回家乡安享晚年。

　　很快，陈家姐妹便接手了这家餐馆，由于两姐妹对餐饮业没有多少了解，就只能接手了餐馆的原班人马，按照餐馆原来的经营路子继续走下去。慢慢地，她们对业务的了解越来越多，便发觉餐馆虽然赚钱，但

是潜力远远没有发掘出来，首先表现在餐位的上座率平均也就是六成左右，其次是来就餐的绝大部分都是中国人，而看看附近其他同档次的餐馆，平均上座率都能达到八九成，还有相对多一点的外国人来就餐，而自己的餐馆地理位置又是最好的，就在地铁站的旁边，离地铁站的距离比哪家餐馆都近，但为什么自己的餐馆就比别人的差呢？于是她俩就静下心来细细观察。其实，彼此的服务都差不多，菜谱，乍一看，也大同小异，但是细分析，她们就看出问题来了。附近几家都有自己的招牌产品。比如，有一家通过一些特殊的采购渠道，能进到若干数量的活鸡，于是便用这些鸡做成很具粤菜风味的"走地白切鸡"。由于在美国的餐馆，绝大多数的餐饮原材料都是冰冻的，用新鲜鸡肉做出来的成品自然比用冰冻的材料做出来的口感、味道都好多了，因此特别吸引食客，销售率天天都是百分之百。而另一家的招牌菜是椒盐鸭舌与鲜味大蚬，吸引了不少外国人从市区开着车来尝鲜。还有一家，把黑椒牛仔骨做得出神入化，入口松软嫩滑，齿颊留香，令许多吃惯了牛排的外国人也不得不佩服中国烹调技术的高超……

问题是看出来了，但是自己的餐馆该设什么品牌产品呢？跟在人家后头，也搞新鲜走地鸡、椒盐鸭舌、牛仔骨、鲜味大蚬，那多没劲呀！她们俩跟厨房师傅商量。师傅们都同意她们俩的看法，并积极地提了许多建议，也试着连续开发了一些新菜式，可都没有叫响。于是，姐姐回国，通过朋友找到餐饮界的一位行家并向他请教。那位专家很热心，叫她尝尝自家做的桶子油鸡。她一尝，味道鲜极了，鸡肉刚熟，又嫩又滑，连一向被几乎所有的人都认为是最粗的鸡胸肉都很细滑；鸡皮爽脆，色

泽金黄，嚼之满口芬芳香甜，虽然很明白鸡皮多吃会不利健康，但仍然不由自主地把它吞下去。陈家姐姐叹服了，说：能有这款鸡做招牌菜，肯定能招客。中国人和外国人都爱吃鸡，富豪们和打工一族们也都同样爱吃鸡，在鸡肉、猪肉、羊肉、牛肉等肉类中，鸡肉相对是比较健康而又营养丰富的肉类，把品牌定位在跨人群的共同爱好上，市场接受面一定会很大，而风险相对会减少。这在成本上、销售上都能显示出优势，再说，这款出品，连外国人都喜欢吃的鸡胸肉都能做得如此嫩滑，便更有竞争力，很有开发价值。于是，她询问专家能否提供技术力量，专家便热心地又介绍了他在美国当厨师的师弟，并说如果你能请到他，就一

定能为你做出这道美味的菜，因为他们俩是跟同一师傅学做这道菜的。

姐姐带着满心希望回到美国，在另一个城市找到了专家的师弟，亲口又尝过他亲手做的桶子油鸡，两姐妹合计后作出决策：用高价把人才聘请回自己的餐馆。

一流的厨师请回来了，一流的菜品生产出来了，餐馆的销售额也因此上去了，但要使它成为响当当的品牌，还需要做很多工作。首先，要使它尽快地让更多的人知道，让产品的社会效应以最大的限度和最快的速度体现出来，然后才会有更大的销售量，才会提高餐馆的知名度。于是，品牌的宣传和推广的定位又提到议事日程上来了。光是靠食客们的口头宣传，让品牌产品在市场中自然地发展的话，速度慢，且难有轰动效应。只有通过媒体造势，才能加快品牌形成的脚步，于是两姐妹便在地铁站张贴广告，在报纸上登广告，隆重推出自己的产品。终于，功夫不负有心人，她们餐馆的桶子油鸡在林林总总的美食中脱颖而出，打开了持久而又宽阔的销售之路。既有远地来堂吃的，也有打包或外买的；客人中既有中国人，也有西方人和其他国家的人。每天售出几百只鸡，外卖窗口天天排满了买鸡的客人。餐馆因此提高了知名度，营业额有了新的飞跃。

→ 评 点

创品牌的理念，是投资餐饮业和经营餐饮业的过程中必不可少的。从经济范畴上去诠释，餐饮品牌是一种市场形象，它所表达的是企业及

其产品的知名度、美誉度、影响面及品牌所代表的商品的质量、市场地位、满足效用的程度、消费者对品牌的认识程度等。从文化的范畴去理解，品牌又是一种口碑、一道品位、一类格调，表达的是品牌的档次、名声、美誉等。

许多单个的餐饮产品品牌能凝聚起餐馆的整体品牌，共同形成餐饮企业的无形资产。

没有品牌的经营，是浑浑噩噩的经营，没有品牌项目（包括出品、环境、服务）的餐馆是平庸的餐馆。大到几千餐位，经营高档食品的高级餐馆，小到一个只有十几个餐位的粥粉铺或包点铺，都应该认真考虑自己应开发怎样的品牌项目。就拿粥粉铺来说，也有做得很出名

的，比如广州市的"银记"粥粉店，就做得很成功，一提"银记"，很多广州人都会知道，人们就会联想到它的多种"拉肠"（一种当场用人工拉出来的卷粉，里面可以用肉、蛋、菜、虾、油条等做馅，入口嫩滑鲜爽）和它的各款粥品，从早到晚，"银记"的各个分店都是门庭若市的。

创品牌首先要作产品定位，要在自己餐馆的目标顾客群中考虑。品牌产品要适应这些顾客而不能超越他们的需求，就好像粥粉铺不适宜把制作完美的鲍参翅当做自己的品牌产品一样。如果要跨过目标顾客群，就要考虑对其他类型的客人也能适应的，带有共性的产品，就好像上述案例中的桶子油鸡。

创品牌需要一定数量的资金投入，因为品牌产品的开发所需要的技术和日后的推广都需要耗费比较多的资金，这就等于加大了成本，加大了风险，所以需要投资者有充裕的资金和过人的魄力，看准了就一往无前地坚持走到底，不要半途而废。上述案例中的厨师，就是靠高价聘请回来的。

上述案例还启示我们，品牌宣传和推广的定位也很重要，在哪一个范围内宣传，在什么时间段内宣传，选择怎样的宣传载体，都要根据产品与目标顾客群的关系来做出决策。

品牌创立起来以后需要维护，品牌的生命力关乎企业的发展，而企业素质又是品牌赖以依附的根本。因此，保持企业的高素质是维护品牌的重要手段。此外，注重餐馆外部环境的沟通也很重要，那就是要维护好餐馆与消费者、社会公众、政府管理部门的关系，努力提高企业及产

品的知名度和美誉度，树立起良好的企业形象。当然，还必须随时注意运用法律武器保护自己的品牌。因为品牌产品形成以后，模仿者就会如雨后春笋般出现。

一个餐馆的品牌产品既要有连贯性，也需要有不断的创新性。品牌产品越多，餐馆的无形资产就越丰厚，其市场凝聚力也就越强大。

12 家庭餐馆我试办

关姨的老公老赵早年曾在广州一家国营酒楼当过厨师，但自从那家酒楼关闭后就一直待业在家。虽然有一手烹调技艺，但年岁大了，也没有什么专业证书，因此没有哪家餐馆愿意请他。最近，女儿单位也很不景气，眼看女儿也要下岗待业了。一家人都在为今后的生活发愁。有一天，关姨对老公说：你看到没有？街尾那两家残疾人开了家庭餐馆，利用客厅招呼附近的写字楼和商铺的员工，生意看来不错。我们不如也试试看。其实也不用投资多少钱，只需花有限的钱添置点桌椅碗筷就可以了。反正在家每天也要买菜煮饭，不如多煮几粒米，多炒几味菜，你有手艺，我和女儿做下手活，一家三口齐心合力，赚回一点生活费吧。附近的购物广场几千员工，还有写字楼的员工，这些人中午晚上都要吃饭，只要菜做得好，价格便宜，不怕没有活干。

说干就干，他们把客厅腾空，放下三张桌子，在另一个茶几上放置着茶杯、茶壶，茶壶里放有茶叶，由客人自己冲热水。菜单贴在墙上，

点菜纸也挂在墙上，客人可以把点菜纸取下来自己登记要点的菜。

老赵开始尝试他的拿手技艺——香煎红三鱼、卤水鸡翼、咸鱼蒸猪肉、梅菜肉饼、红烧鲩鱼腩、酸梅鹅、冬菇蒸鸡……这些都是最常见的家庭菜式，比较适合到家庭餐厅消费的食客。每天例汤是随餐附送的，都是老火靓汤，客人可以自己舀。一顿饭下来，最便宜的才五块来钱。一碟青菜才收1.5元，所有碟饭才5元至8元，小炒的价格最高不超过10元，比附近大排档起码便宜1/4，而且有汤有菜有肉。为了让客人吃得放心，不至于对餐厅的用油用料产生怀疑（因为媒体曾经报道过有些无良大排档和摊贩曾经使用泔水油，用死鸡死猪作原料），不至于对卫生不放心，他们还有意识地让客人看到他们吃的饭菜与给客人吃的是一样的。并把一个大消毒柜摆在从客厅就可以清楚地看到的过道里。果然，一开张就吸引了市场注意，第一顿饭就有近十个客人。连续几天，客人一天比一天多，老赵的酸梅鹅既便宜又好味，特别吸引客人，很快就在吃客中传开了。越来越多的客人是专门为了这酸梅鹅而来的。有些熟了一些的客人说，到大的酒楼吃，有时也不一定能吃得上这么好味道的酸梅鹅呢。由于这样的餐厅根本就没有名称，那些客人就把关姨的餐厅简称为"酸梅鹅"。

老赵很有心思，经常琢磨着不间断地更新菜式，一个星期左右就有一款新菜推出，那些点菜率降低了的旧菜式就暂时退出。因为关姨是湖南人，从小就跟着母亲干厨房活，会做各种湖南泡菜，如酸豆角、酸芥菜、酸辣椒……所以餐馆又供应湖南泡菜，吸引了很多湖南籍的食客和喜欢吃泡菜的客人。

段段

现在，三张桌子每一顿都坐满了人，于是又在门口多摆了两张活动桌子，人多的时候应付一下，人少的时候就收回去。结果连这两张桌子也坐满了。原以为都是做中午饭的生意，想不到晚餐也挺不错。原来，购物广场上的商铺营业到晚上九点半，众多员工都是外地单身女子，仍然要解决晚饭的问题，而老赵家的饭菜便宜好吃又卫生，从广场到这里来快捷方便，餐馆便自然聚集起人气来。平均每天的营业额都能达到1200多元，那么纯利也就是240元左右，一个月下来，三个人的纯总收入也就达到了每月7000多元。这对于一些大部分成员都下岗的家庭来说，无疑是一项极其重要的生活来源。

逐渐地，老赵家附近的邻居们发现了这个地方原来是一块赚钱的风水宝地，自然不会放过机会，纷纷仿效，使这里附近的几条街逐渐形成了一块家庭餐馆的聚集地。由于附近的需求量实在太大了，而周边正规

的餐馆又不多，现在成行成市，更提高了知名度，所以，这些餐馆都经营得比较好。

→评 点

　　打开网页，"北京私房菜地图"赫然入目，详细地记录了这些家庭餐馆的店名、地址、电话以及详细介绍。在搜索的地址栏打上"家庭餐馆"，就可以看到很多有关私房菜以及家庭餐馆的信息。所谓家庭餐馆，其实就是吃私房菜的地方。市场发展的不完整性催生了餐饮业的这一新景象。

　　早几年，香港就已经兴起了家庭餐馆，逐渐地，这种经营形式也流进了内地，这两三年内，各地都悄然办起了这种类型的餐馆。近至比较靠近香港的广州，远至新疆，都有一批又一批家庭餐馆蓬蓬勃勃地兴起。据新疆有关媒体的报道，"在裕民县，一个个家庭餐馆每天都迎来许多就餐者，它们不仅成为集饮食、休闲和娱乐于一体的消费场所，也为人们提供了一个个就业机会。"并称赞这种餐馆"投入少，见效快，政府正全力支持下岗职工自主创业开办这类餐馆"。据《信息时报》报道，"在广州的繁华地带，悄然兴起一种隐蔽在居民楼里的家庭餐馆：客厅作店面，家里的厨房作餐馆厨房，全家总动员，父母亲掌勺，仅有一两名'外聘职员'——简简单单就开成了一个餐馆，食客如云，生意火暴。据铁杆食客称在这样的餐馆用餐价廉物美，一个月下来能省80元伙食费，并且因为是家庭厨房，老板和客人吃同样的饭菜，所以卫生情况比较放心。"

从笔者对一些地方的家庭餐馆的考察看来，此言不虚。由于家庭餐馆都开设在家里，不用付租金，一般餐馆的用具都是用家庭现成的，从而省却了正规餐馆开办时必须花费的一大笔费用。由于投入少，成本低，饭菜价格可比一般餐馆便宜 1/4 到 1/3，再说，由于客人相对固定，经营者可以比较准确地掌握每天的原料用量，从而保证了原料的新鲜度，保证了菜品的质量，保证了浪费的减少。又由于很多单身姑娘和小伙子们吃盒饭、快餐多了，渴望能吃上家常菜，不想吃那么多有损健康的油

料、配料，他们自然就选上了家庭餐馆。可见，关姨一家决定开设家庭餐馆的决策很有市场基础，因而能从市场的大锅里分到一杯羹。但是，随着竞争的激烈，随着法制的逐渐健全，要办好家庭餐馆，也还是有很多方面要注意的。

第一，现在的大部分家庭餐馆，都是无照经营，其存在本来就是不合法的。但是由于有市场需要，对提高就业率有积极作用，而有关部门对于其违法经营的管理又有很大的难度，因而使它能在市场中客观存在。但是，随着社会的法制逐渐完善，对这些餐馆的逐步规范是必然的。香港就已经开始立法规范这些餐馆。所以，在利用时间差，利用市场发展的不完整性，争取时间多赚一点钱的同时，就要有一个准备合法经营的长远计划。不要以邻为壑，对因办餐馆产生油烟、噪声、不安全因素而损害了他们的利益漠然置之，因为这样必然会招致他们的投诉，也就等于增加了自己的麻烦。

第二，办家庭餐馆的地方最好在三楼以下，否则，会因为大部分食客都不愿爬楼梯而影响了人气。

第三，你家附近一定要有市场、超市、大型商场、学校、写字楼等设施。因为这样才能有相对稳定的客源。

第四，你家起码应该有能容纳十个以上的人吃饭的地方。

第五，家里必须有具备一定技艺的厨师。饭菜一定要可口，要比街上的餐馆便宜1/4到1/3。

第六，家里排烟和排污的设施一定要畅通。

13 裸体餐厅有启迪

笔者在互联网上分别浏览到两篇内容相近的文章，讲的是在纽约的曼哈顿，有一家裸体餐馆。

该餐馆在市中心区，是一家俱乐部式的餐馆，这家餐馆的老板叫约翰，经营的点子特多，讲究用餐主题，而这种主题又是经常随市场的需求改变的。餐馆虽然从不在媒体上做广告，只靠互联网和顾客的口头宣传拉会员，但生意却越做越旺。跨进餐馆门槛的绝大多数都是回头客。某年的冬天，一群原本多在海滩、森林、野外活动的裸体主义者，想换换环境，进入更高尚更文雅的场所，便发起裸体就餐月活动。他们与约翰一拍即合，顿时，约翰的餐馆成了裸体就餐的餐馆。

当客人从寒冷的室外走进温暖的餐厅时，一般都会按常规脱下帽子、围巾和大衣，但是，来到这餐馆就不同了，还要继续往下脱，裤子、裙子、衬衫、内衣、内裤、袜子都被脱下，直到脱得精光为止。身上留下的就只有像手镯、戒指、耳环、项链之类的首饰，或是一双雪白的运动

鞋。当然，对那些刚来参加这种活动，尚未有足够勇气的客人，餐馆也特别"网开一面"，允许他们穿着背心就餐。吧台的伙计会把衣服用塑料口袋封存保管起来，等就餐结束后再还给客人。

就餐者虽然不穿衣服，但是必须坐在自带的白毛巾上，女士们则可选择高贵的丝质围巾以示区别。

据文章的作者说：那天前去吃饭的约有 30 人，大部分是中年人，有几对是结了婚的伴侣，有一些是单身者，最年轻的也有 30 多岁。老板约翰对他说："他们都是很有身份的人，与你我没有什么不同，他们不会伤害任何人，而且他们的聚会不是野蛮的罗马式纵酒狂欢。"一位中年妇女对作者说："到这里吃饭的男士必须学会平静、单纯地直视女士。"

一名男士表示："很多人担心有人在餐馆里窥视。事实上这种情况没发生过。来吃饭的人只是享受就餐过程。"临出门，一名服务员还告诉作者："这些人素质较高，他们不会伤害别人，更不是野蛮人。"

因为室外寒气逼人，餐馆把暖气开得很足，室内温暖如春，客人尽可放心地舒服地就餐而不必担心会着凉感冒。对那些没胆量进来就餐但又极其好奇的人来说，想偷窥餐馆内的情景是根本不可能的，因为餐馆的窗帘完全拉下，客人的绝对隐私得到绝对安全的保证。

至于他们的菜谱，除了不设热汤之外，与其他餐馆没有什么不同。据文章的作者推测，大概是因为客人都是裸体，缺少衣服的保护，防止其不慎被热汤烫伤的缘故。

文章还附带了几张照片，从照片看，人气还是挺旺的，就餐者神态怡然，有些在吧台前站着或坐着，就像在普通的酒吧前一样地聊天，丝毫看不出有什么尴尬、猥琐的动作和神情。

→ 评　点

上述文字的真实性如何呢？笔者曾到纽约逛过，试图找到这家餐馆。可惜时间所限，人生路不熟，没有充裕的时间去找到它，但听当地的朋友说，确实曾听说过这样的餐厅。姑且不要追究它的真实性，因为这并不重要，重要的是它给了我们以启迪。神话案例都能给人以工作和生活的启示呢！

艺术讲究创意，建筑讲究创意，烹饪艺术也讲究创意，那么，蕴涵

着烹饪艺术的餐饮业的经营也是否需要创意呢？答案是肯定的。这是一个很重要的餐饮经营理念。这就是裸体餐馆给我们的启示。

我们不可能跟着人家也开裸体餐馆，因为就是你想开也不会被允许。国情毕竟有别。但是，我们可以学人家展开想象力的创意。即使是在美国，开裸体餐馆也算是出位了。很多人都知道，玩出位就能出名，这一手已经被很多明星们玩烂了。但是，在餐饮业似乎还是一个尚有很好前景的话题。不过，如何既能出位又能合乎法规不踩蹦道德规范和民族情感，却是一道不容易迈过去的坎。记得曾有过一家餐馆找人扮汉奸招徕顾客，以此奇招博出位，结果却严重伤害了中国人民仇恨日本帝国主义的民族情感，遭万众唾骂，口诛笔伐，下场很不美妙。也有人男扮女装装腔作势招徕顾客，结果也是草草收场。

据报道，在国内，随着饲养宠物的人越来越多，也在北京、青岛等地开设了宠物餐厅或宠物主题餐厅，设立专门的桌子，小型犬、幼犬的专座，以供狗们进餐，还开发了诸如牛骨酱、鸡肝土司、胡萝卜沙拉、水果素餐等宠物菜式。在这些餐厅里，人和宠物可以一起进餐。这些餐厅都挺受宠物饲养者的欢迎。

在境外的网站曾看到这样的报道："在深圳罗湖区某街上，一家门口摆着两个大'马桶'的餐厅特别惹人注目。"记者走进餐厅，感觉就像走进了厕所一样，里面竟然到处是马桶和蹲厕缸。记者发现，客人们都坐在一个个"马桶"上面，"马桶盖"是用各种颜色的玻璃做的。而餐桌则是加玻璃罩的"蹲厕缸"。店员告诉记者，餐厅最有特色的食品叫"马桶冰一号"。端上来一看，原来是在一个浴缸一样的容器里，放

着一些汤丸、刨冰，外面还铺上一些椰果等，看起来还颇像"排泄物"。店长罗小姐告诉记者，引进"马桶"的理念之后，一直很受时尚年轻人的欢迎，每天生意都很火暴……用与传统美感相违背的甚至有点龌龊的创意来做噱头也好，开设宠物主题餐厅也好，能否使这些餐馆的生意一直火暴下去，我们且不忙作结论，但是能给我们启示的，却是餐饮业经营者都在苦苦追求新的经营创意。

创意者，关键在一个创字，创者，始造也。第一，你的主意，你的意念，你的表现形式是要全新的，不要老是跟着人家屁股，捡人家已经玩腻了的。第二，这些招数要有趣，起码你的目标顾客群中大多数人都会感兴趣，但要注意，新的不一定是有趣的，还要注意这种兴趣的地域性，一个地域的人感兴趣不等于另一个地域的人也感兴趣。第三，一个已经问世的创意，哪怕是很好的创意，也不要让它永恒，永恒的应该是

一个字就够了，那就是"创"字。你创了，创得好，人家会跟，跟得多了，就会滥，就会令人生厌，你就把它丢掉，继续创新的，那么，你永远就是领导潮流的带军人物。第四，打擦边球。只要合理合法，打打擦边球也无妨。第五，多浏览互联网，互联网连接整个世界，你在互联网上可以得到很多国人还未得知的信息，你可以大大地开阔视野，先知先觉的你便有了很大的创造的空间，还怕没有好的创意吗？

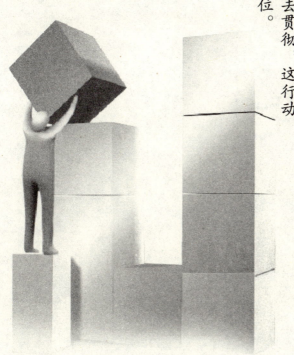

二 实务篇

Shi Wu Pian

再超前的理念，也需通过行动去贯彻，这行动就是在经营的各个环节中准确地定位。

1 嚓嚓食品创奇迹

在南方的一个中等城市，有一家中型餐馆，大门面向一江碧水，谁都认为这是赚钱的风水宝地，于是有人就把这里的一家大企业的职工食堂买了过来经营餐馆。出乎所有风水先生意料的是，两年之内，餐馆三度易手，仍是惨淡经营，第四度易手已经在所难免。

第一个老板一开张便大张旗鼓地搞抽奖活动，用餐后到前台摸奖，中奖的发一张 15 天内有效的 20 元现金餐券，同时又开展登记用餐数，十餐送一餐的活动，开始时确实轰轰烈烈地热闹了一阵子，但是由于没有什么拿手的招牌菜式，来来去去都是那"老三篇"，不过几个月就把客人玩腻了吃腻了，于是门庭冷落，客人一少，采购的就战战兢兢，不能放开手脚，菜品就越来越少，那么客人就更加不感兴趣，餐馆陷入了恶性循环，不得不自动消失。

第二任老板风风火火地上场，把餐厅装修得豪华气派，同时请了一队模特在午餐和晚餐期间分别做两场时装表演。说的是时装，其实都是

泳装登场。有些还是三点式。模特们个个魔鬼身材，冷艳高傲，性感迷人。一时间，客人趋之若鹜，顿顿满座，老板笑得只见牙齿不见眼睛。为了使客人有新鲜感，老板费尽心机不时更换表演队，把所有心思都放在了"做秀"上。如此折腾了大半年，由于餐饮市场上这种时装表演已越演越滥，人们已经觉得毫无新鲜感了，兴趣便逐渐消退。一没有了这个卖点，菜式又毫无特色，餐馆便生意萧条了。

第三位粉墨登场的老板别出心裁，招了几位能喝能侃能唱能跳的妙龄绝色女子当咨客，专门陪客人进餐、聊天、喝酒、唱歌。一开张，餐馆便热闹非凡，几位咨客像在水里畅游的鱼，在所有的客人之间穿梭作乐，陪着客人豪饮、唱歌、侃大山，忙得不可开交。餐馆饮料和酒的销售量天天刷新，营业额也令老板信心倍增。可惜好景不长，靓女们觉得这样生活太累了，在突然之间一个接一个地跟着仰慕她们姿色的大款大腕们过另一种生活去了。有一位走后还随着大款又回到了餐厅，不过，已不是咨客的角色，而是来享受消闲接受餐厅服务的了。老板被杀了个措手不及，一时也找不到合适的人选，餐馆少了这些靓女们的周旋，经营的菜品又讲不上有什么特别之处，生意一落千丈。餐馆经营最怕的就是这突然的断层，因为，远去了的客人是很难再当回头客的了，除非餐馆有特别的转变。

三度折戟沉沙，这块曾被风水先生誉为能赚得盘满钵满的风水宝地，被周围群众称为餐饮业的"死亡之地"，谁接手谁就一定"损手烂脚"。

不过，不怕"损手烂脚"的人还是有的，第四位投资者终于出现，他姓黄，是这个城市一家比较著名的餐饮连锁店的老板。他和他的智囊团们详细地了解了前几任经营的情况，详细地了解了周边的居住结构和

商业氛围以及餐饮市场，深感前三位经营者的失败就在于没有正确的菜品市场策略，只是在一些枝节上下工夫，因此没有生命力，于是摈弃了前任们的所有做法，着力于菜品市场策略的研究。他们认为开拓嘿嘿食品系列可以在这里站稳脚跟。因为，第一，这里附近有几间大公司以及这些公司的宿舍群，人员众多，外省人和本地人参半，而外地人又以北方人居多，这所有人的饮食习惯都能接受这一系列的食品。而这些公司员工收入都普遍比社会其他行业的高，有很强的消费力。完全能承受这一食品系列的稍高档的价格。第二，当时来说，嘿嘿食品成系列的餐馆还极少，特别是在附近的餐馆根本就没有，这种声、色、香、味、热俱全的食品，属于有特色的菜式系列。而他们分布在市区内的其他连锁店经营这一系列食品的状况都非常理想。第三，由于嘿嘿食品的特色，使其完全有资格用于集团消费中的接待，只要在装修上稍偏向高雅，就有把握吸引附近大公司的公款消费，而相对稳定的公款消费量比散客要大

得多。第四，用玻璃作明厨间隔，让客人可以看到嗻嗻食品有趣的烹制过程（当时还不流行这种间隔），感受粤菜的魅力，便能构筑起一个独特的餐饮氛围，形成对消费者的强烈的诱惑力。

事实正如他们所料，餐馆开业后，在相当长的一段时间里，都呈现客如潮涌的现象。由于嗻嗻食品香味浓烈，热气腾腾，是很好的下酒菜，也带动起酒水的销售，餐馆的营业额一直稳定在高水平上。

→评　点

餐饮餐饮，顾名思义，就是吃和喝，主要是让客人吃得好喝得好，吃得满意，喝得满意，这是本。至于做秀表演，积分抽奖，派发优惠卡、贵宾卡，陪吃陪喝，那都是次要的，是末而不是本。经营餐饮业切记不能本末倒置。当然，在经营好本的基础上，再添枝加叶，让其更丰满更完美，那也是必需的，但一定要立足于根本。

正如案例中所述，前三任的领导层们若在定位好菜品的基础上搞点花絮活动，为客人在吃喝的时候增加点气氛和情趣，本来无可非议，问题就在于他们根本没有做好菜品定位策略，尽在细枝末节上忙乎，所以，失败者的失败，源于定位的荒唐，成功者的成功，在于菜品定位的准确。这就是成功者自有成功的理由，失败者自有失败的道理。世事之成败皆事出有因也！

正确的定位，来自对餐馆所在的大环境的洞察，来自对自己产品和能力的认识，来自对现有和潜在的竞争对手的认识以及对这些认识的综

合分析。黄老板和他的智囊团对嗞嗞食品定位的四点分析很有见地。第一点，是对菜品定位的大环境及消费结构和能力的认识和分析；第二点，是对竞争对手的了解和分析；后两点是对自己产品的认识和分析。这些都是决策的基础，马虎不得。

　　笔者到该餐馆实地考察过，亲身领略过嗞嗞食品的魅力。当一盘半熟的猪生肠端到你跟前，然后倒到滚烫的铁板上，那发出的痛快淋漓的嗞嗞声，顷刻间升腾起的香味，那扑面而来的热气，都会强烈地刺激起食客的新鲜感和品尝欲望；盘子上金黄色的肠子、鲜红色的肉椒、翠绿色的葱叶所组成的调和的色彩，本身就极具观赏价值，给人带来美的愉悦感，等到一进口，又爽又滑，香味、鲜味便在嘴里翻滚、萦绕，久久不散，令你不由自主地一次又一次把筷子伸到碟子里，再一块一块地往嘴里送，直到把碟子上的所有东西都清理干净为止。难怪他们能创出奇迹，在一块几乎公认的"死亡地带"奏起了"凯歌"。

2 别开生面茶食品

在江南地区有一家 500 多个餐位的惠来酒楼，生意一直不错，酒楼出品的惠来鸡、花生薄饼、蜜汁叉烧等产品都颇受消费者的欢迎，但随着竞争对手的增多，市场竞争的白热化，原有的顾客群已出现了分流，生意一天比一天难做了，赢利越来越薄。总经理和行政总厨便相约到附近餐厅走一遭，亲眼看看各竞争对手的菜谱结构和市场反应，亲口尝尝人家的热销菜式，调查顾客的消费兴趣和能力。有一次，他们在一家规模和自己酒楼差不多的餐厅尝到一道"茶叶猪手"的菜式，那是用上等茶叶做原料，以自调的酱汁作作料，带着茶香、茶甘、爽而不硬、口感极佳、风味独特的一道菜。想不到茶叶的味道与猪手的味道是如此融和，一加一所产生的效果远远大于二，于是两人就琢磨也尝试模仿做这道菜。一个星期后，一款用龙井茶叶做原料的"龙井茶皇猪手"在惠来酒楼问世了，作为每周新菜推出后，格外受青睐，点要率竟然达到百分之八十几。他俩很受鼓舞，于是趁热打铁，很快地又试制并推出了"龙井茶香鸡"，结果马上又被市场

接受。经过一段时间后，这两道菜在原有的熟客中知名度越来越高，点要率也越来越高，并在以后的时间里一直保持着旺销的势头。

总经理在受鼓舞的同时，也很受启发。他想，这两道菜虽然受欢迎，但是，毕竟就是两道菜，好像还是势孤力单了点，对整个酒楼的总营业额的增加还是很有限。我们应该怎样顺应这势头顺藤摸瓜带动起整个酒楼的经营呢？这两道菜如此受欢迎是否说明用茶叶做原料的食品很有经营前景呢？能否从菜谱开发的整体发展策略的高度去思考、作系统的尝试把它做大呢？如果去尝试，风险会有多大呢？他感到这是酒楼发展的方向性大问题，于是就把这些问题都提到了董事会上讨论。讨论结果是，大家都统一在一个认识上——可以大胆尝试，因为已经有两道菜的先例，风险应该不会很大但要做就要下决心把它做大，做出系列和规模，做出声势，不要一两道菜似的小眉小眼地做。不过，为了减少风险，可以先在局部范围内作试验，在酒楼大堂辟出一百来个餐位的一角，用绿化带把它围起来，命名为"茶世界"，专门经营一系列的茶食品和茶饮料，并提供各式上等茶叶和煮开水的酒精炉和煮水壶。墙壁上装饰一些精致的木架子，上面摆放一些别致的茶具，一些空白地方刻一些有关茶的知识的短文，营造起一种茶文化的氛围。更重要的是，坐到这"茶世界"里，不但能吃到酒楼原有的所有菜式，还可以欣赏一些专业茶艺师的精湛茶艺表演，可以选择近一百种茶食品，如："茶香鸡翼"、"香片粉肠"、"茶香骨"、"茶鸡锔饭"、"红茶肉丸"、"五香茶皇鸽"、"菊花茶"、"八宝茶"……会议作出决策后，马上就投资改造了厨房，聘请了几名有经验的厨师做菜式开发的尝试。经过两个多月的紧张筹备，在

"茶世界"即将开业的前几天，酒楼派出人员，在半径 300 米的范围内广发宣传单，把主要菜谱、饮料以及新张优惠事项等广而告之。

效果出人意料地好，"茶世界"天天满座，排队等位置和预订餐位的现象竟然一直维持下去。于是把"茶世界"的范围又作扩大，还是供不应求。两年之后，酒楼董事会研究决定，在市内选择一个合适的地方，注册一家"茶世界"酒楼，把业务作进一步扩展，对茶食品的菜谱作更大规模的整体开发，对茶食品的健康元素作更深的开掘和宣传，让人们一提起"茶世界"就联想到一系列美味的健康的新潮菜式——茶食品，进而想到这是茶食品的最系统、最完整、最权威的酒楼；而一想起茶食品就想起要到"茶世界"酒楼消闲去。

半年后，"茶世界"开张了，一切都如他们所设想的一样。

→ 评 点

"规模"这个词在餐饮业界中是越来越时髦了，这种时髦，并没有人为的夸张做作的成分，而是行业发展的实实在在的需要。比如，一套十本的专业图书哗地同时推出就比一本专业图书单独推出要有更大的社会效应。对餐饮业来说，规模，并不单指餐馆大小的规模，还包括宣传活动的规模，菜式或食品开发的规模，规模越大，社会的轰动效应就越大，即使是一个小小的只有二三十个餐位的粥粉铺，如果生意做好了，按市场需求稳扎稳打地八面开花办连锁店继续干下去，也能做出规模来，也能产生一定的社会效应。我们不妨看看商业市场，做出规模来的现代超市总是人头涌动，同理，做出规模来的酒楼或餐厅也大多人气旺盛。

惠来酒楼就是做出了系列菜谱茶食品的规模，因而在社会中产生了比较大的轰动效应，让人把茶食品和健康和"茶世界"很自然地联系起来。这不是单个的招牌菜式效应，而是整体菜谱系列开发产生的蕴藏着巨大社会影响力的大规模的社会效应。

但规模的大小一定要跟随市场的需要，以市场的需要为基础。只有市场需要的项目，才可以把规模做大，如果是市场不需要的项目，规模越大，就会输得越惨。因此，在作规模定位的时候，最好像惠来酒楼那样，先在局部以小规模试探市场，当取得一定的经营数据，取得相当的经验，有把握做大的时候再做不超越市场需要的扩展。

扩大规模一定要量力而行，超越自己的能力，主要是资金能力，盲

目拉长战线，很容易招来"灭顶之灾"，这在餐饮界已经有无数先例。

扩大规模一定要有相对集中的方向，有比较集中的主题，就好像惠来酒楼只集中在茶食品系列的开发上。

扩大规模，营造出轰动效应，一定要以品牌效应为基础，大规模的菜谱系列整体开发，一定要有若干单个品牌组合的强烈支撑。否则，它是没有生命力的。

3 亡羊补牢设快餐

在广州市一条商业繁华的大马路旁的一条岔路上，原来在酒店餐厅位于中层的一位员工辞了职，在这里开了一家小餐馆。这位老板姓黄，他看好这一地段，因为那大马路是这一行政区域人流最密集、商铺最多的地方，路上还有地铁站，郊区的居民常常乘地铁到这里逛商铺，一逛就是大半天，然后找个地方填填肚子，就提着大包小包又坐地铁回家。再说，在这条小岔道上，还有连绵一片的住宅楼，餐馆离大马路也就一百几十米，几十个餐位的小餐馆，还愁座不满吗？

黄老板因此把餐厅经营的定位放在了方便流动客人和家庭客人的茶餐厅上。菜单上既有粥粉面，又有简单的炒菜、碟饭，还有糖水、小吃等，饭菜价格比马路面上的餐馆便宜了10%。他还请了一位烹饪技术很好的厨师，使菜品的质量具备一定的档次。吃过的客人都称赞餐馆的饭菜味道好。

然而，开张以后，经营状况却大出黄老板之意料，餐厅不要说座满，经常连一半座位都坐不够。有时竟然整个餐厅就坐着四五个客人，有些

95

路过的客人在门口停留观察一会，看里面冷冷清清，也都掉头就走。原来装修得很好的烧腊外卖档更是极少有人问津。面对一个月一万多元的租金和一万多元的工资，黄老板一时十分茫然，束手无策。

一天，一位业界的朋友来餐馆小聚，黄老板十分无奈地与他谈起自己的苦恼。朋友便详细地观察了附近的市场情况，了解了附近住宅楼和写字楼的情况，然后语重心长地说：看来是你的经营策略有问题。你看，你这里离热闹的大马路隔了那么远的距离，而且还有一个弯，这岔路上的商店与大马路之间还有一段路是没有任何商店的，马路上完全看不见你的餐馆，那些逛街的人就是走累了，走渴了，想吃想喝了，也不知道你这里有一间适合他们的茶餐厅呀！因此，大马路的人流你攀不上边。再看看你周围的住宅楼和写字楼、商店，还有农贸市场、超级市场，确实有很多人需要解决中午饭的，但是你有没有留意到这岔路上还有很多大排档，甚至有些无牌经营的散档，他们的成本比你低多了，你竞争不过他们。你的碟饭最便宜的也要六元，但大排档的最低四块钱就能吃上一顿，还可以两荤一素。特别是农贸市场门前的烧腊档，他们既卖烧腊又卖盒饭，已经做了很长时间，有一大帮熟客。没有特别的优势和一定的时间，你没法与他们竞争。还有，你虽然也经营早餐，而且那两档烧腊档早上并不卖早餐，但是你的早餐是在餐厅里堂吃，丢了一大帮把早餐打包拿走的客人。你定位在茶餐厅，住宅楼上面的住户都有一定的经济能力，他们想在你这里舒舒服服地享用一下比较理想的午餐或晚餐，你的菜谱又太简单和单调，可见，你是哪方面的顾客群都没有抓住。建议你重新调整经营策略，你看看中午饭的时候两个烧腊档前买盒饭的拥

挤和市场门口饺子外卖档、散档早餐和午餐、晚餐时间的热闹，你就应该知道你的定位应该在两顿正餐和一个早餐的外卖上。你的优势是菜式可以远远比那两个烧腊档要多，他们的荤菜除了烧腊还是烧腊，吃多了就嫌寡味了。再说，你们卫生比他们好，环境比较舒适，买快餐的既可以拿走，也可以拿到餐厅内堂吃，再送个例汤给他们，只要你把外卖的档位设在门口招揽顾客，价格放到和烧腊档一样，薄利多销，菜式要比他们多，早餐的品种比他们多，又好吃，就一定能把烧腊档和附近一些散档的相当部分客人拉过来。对于住宅楼的客人，你可以适当增加菜式和坚持菜肴的高质量，价格则保持在大马路餐馆的90%左右；还有，你应该用两个星期左右的时间，特别是周六和周日，雇人在大马路人流密集的地方派送宣传单，让尽量多的过路人知道你们的餐厅，你们的环境，你们的价格，你们的服务。我想，经营状况很快就可以扭转。你不妨试试。

朋友的一番话，使黄老板茅塞顿开，与老婆大人商议后马上做出决策：按照朋友的意见改变经营策略，把早餐和午晚餐的外卖点放到路人

皆能看到的门口，并在门口不妨碍行人的地方摆上两张桌子方便他们购买、拿走或就地吃用。结果，立竿见影，实行"新政"的当天，营业额就蹦了上去。之后的日子，更是高唱"步步高"，黄老板夫妇原来愁眉不展的脸上，绽出了舒心的笑容。

→ 评 点

能一步到位地制定出正确的经营策略，是最理想的，那是天从人愿。但是，老天爷常常不会那么慷慨，让创业的人一帆风顺。天不从人愿是经常看到的事情，因此，适时调整经营策略也就是经常的事情。不要怕调整，哪怕花点钱，花点精神，花点力气，那都是必需的，因为，不调整的话，只能让恶性循环继续下去，最后必然把餐馆耗得奄奄一息，然

后关门大吉。所谓识时务者为俊杰是也！

重新调整经营策略是需要下决心的，有些投资者优柔寡断，盲目地守，寄望于偶然，总希望在哪一天早上打开门的时候会出现奇迹：如云的客人向餐馆涌进来。那是无所作为的庸才。重新调整经营策略是痛苦的，那等于否定了自己过去的决策。但有勇气否定自己错误的过去的人才是不断进步的人，这样的人才能在事业上有所作为。

是否需要重新定位取决于餐厅当前经营状况以及发展前景和对市场的调查与科学的分析。餐馆甫开张就惨淡经营，而你周围的竞争对手却都客如潮涌的话，十有八九是你的经营策略出了问题。

如何调整呢？可以用比较法找出差距然后扬长补短，此法简单易行，就像黄老板的朋友的思路那样，拿自己的餐馆的方方面面和周围的竞争对手比，比较各自的长短处，补己之短，取敌之长，甚至胜其之长；扬己之长，克敌之短，让自己处于全面而又强大的竞争优势中。就像黄老板一样，你烧腊档卖快餐，我也在餐馆门口设档位卖快餐，菜式比你的多，有例汤送，卫生比你好，原材料的质量比你有保证，想坐下来吃也可以，但价钱却和你一样；你饺子档方便匆匆赶路的上班族，让他们可以提起就走，我也把早餐档放到门口，最起码跟你一样，但是我的样式比你丰富，客人时间充裕的话还可以坐下来喝点粥或豆浆之类的饮料。你大马路上的餐馆品种多，我就增加，起码增加到和你的差不多，你有靠近游人的地理优势，我就雇人宣传，让游人也知道还有一家环境比他们优雅，相对安静，菜品味道款式俱佳的餐馆可以供他们选择，而且价钱比他们的便宜。

4 特色经营招大财（特色菜策略）

在美国第三大城市芝加哥的中国城，有一家经营川菜的中型餐馆，生意非常火暴，经常是门口排满了等位置的食客，其中还不乏洋人们。好几次，笔者去用餐，映入眼帘的都是这般情景，但形成鲜明对照的就是，在同一时段，邻近的一些同规模同档次的餐馆却是大堂里空荡荡的，只有几张桌子上三三两两地坐着几个人。

笔者基于职业上的原因，马上研究他们的菜单，并同时跟服务员以及老板聊了起来，后来又向食客了解了一下他们的消费动机，终于明白了，道理原来很简单，那是因为这个餐馆的特色菜很多，而且特别好吃，价钱还不贵。

川菜馆，顾名思义，就是经营川菜的，但是，由于是在中国城这样一个特定的环境——四川人并不是很多，而各个省份的中国人，包括香港人、台湾人都有，广东祖籍的居多，还兼有一些越南人，中国城附近的很多美国人以及其他国家的移民，也都经常来这里用餐，还有就是旅

行团也不时地带团到此地观光，所以，只做川菜就会丢失很多顾客。餐馆的经营者很聪明，他们保持了川菜中很有代表性的菜式，而且让这些菜式保持其正宗做法，以吸引住四川客人和其他喜爱吃川菜的食客，比如，水煮鱼、水煮牛肉、孜然羊肉、豆瓣鱼片、半汤鱼片、香辣仔鸡等。同时，他们又聘请一些技术全面而又高超的厨师，融汇了中国各家菜系的精华，精心研制、开发了一些特色菜式，如三杯鸡、东坡肘子、西奶脆皮虾、樟茶鸭、砂锅肥肠、雪旺豆腐等，做得极其美味。他们把从近360种菜式中挑选出来的60道特色菜分成三个类别：辣类选择、不辣选择、传统特别选择，作为特别推荐，这些特色菜都是在不断征求客人的意见，反复调整味道和口感，不断地统计点要率的基础上提炼出来的。笔者连去了几天，每到用餐时间都基本满座，而且各类客人如广东人、四川人、内地其他地方的人、洋人的比例每次都差不多。绝大部分是熟客，但几乎每天都有慕名而来的生客。其中有一天不是周末也不是周日，而且还刮着冷风，下着大雨，但午饭的上座率竟然也超过了百分之百（连翻桌）。

　　为了取得市场反映的第一手资料，我有意与一对第一次到此消费的广东客人攀谈起来，那位先生一边美美地品尝着三杯鸡，一边一次又一次地向我赞美着这道菜式：我刚到美国，就听说这里的三杯鸡好吃极了，女儿老是怂恿我们两口子来品尝。我们想，吃在广州的美名已经传遍世界，我们从广州来，又已经一把年纪了，自己也钻研过厨艺，也喜欢弄几个菜什么的，还有什么好吃的没有尝过，什么三杯鸡、五杯鹅的，广州几十年前就已经有了，还不是那老套路，走出国门蒙蒙洋人罢了，能

翻得出什么新花样？总不会比广州名厨们烹制的好吃吧。而且，我早就听说在外国的中国餐馆弄出来的中国菜完全是因为适应当地人而变了味的，已经不是正宗的味道了，餐馆的工作人员都不愿意吃，他们吃的都需要另厨烹制。再说，这是个川菜馆，与粤菜风马牛不相及，而三杯鸡应该是粤菜，依靠川菜的厨师怎么能做得出地道的粤菜来？所以我们压根就没有当回事。后来，女儿说得多了，听华人中的朋友也介绍过，今天又刚好到这里办点事，便进来看看，想不到人挺多的，竟然还要排队，我站在门口犹豫的时候，想起女儿曾叮嘱过，如果碰到要排队等位置的时候那就等一等，我便观察起周围桌面上的菜。刚好最靠近的那张桌子的客人点了三杯鸡，浓浓的香味扑面而来，我一看，一闻，这色，这香果然不同凡响，便打消了离去的念头，决意耐着性子等下去。结果一尝，大出我预料，盛器是一个形状近似小砂锅的小铁锅，热气腾腾，（烧热了的铁锅应该比铁板更能长时间地保持较高的温度）每一块都是厚厚的

肉，但一点不粗，又滑又细嫩，口感特别好，完全可以与在广东吃的同类型菜肴媲美，再说味道，加上越南的一种香菜和餐馆特制的酱汁后，堪称一流，味虽浓却带着鲜，鲜中又带着香，带着甜，你看，我们一吃上就放不下筷子了。就像全身的穴道都被打通了。这时，他太太的手机响起来，她放下筷子，抹抹嘴，拿起手机看看说：女儿的电话，肯定是问我们有没有来这里啦。她听完电话笑着说：这孩子也真够馋的，她要我们打包一份三杯鸡回去给她吃。不过，这鸡做得也实在太好吃了，真是想不到啊！哈哈！她刚说完，她先生就又接上了话：这唐人街好几家餐馆我都尝过了，以后就定点来这里啦，就冲这三杯鸡，每一个星期我就要来这里两次。听女儿和朋友说，这里除了三杯鸡以外，还有很多好吃的特色菜，我们会逐个逐个品尝。你知道吗？我们住在市中心，来这里坐地铁都要差不多 30 分钟。但值得！

→ 评　点

一道特色菜能令上述案例中的一对广东籍夫妇以及他们的女儿和朋友如此钟情，就足以说明这道菜是成功的，餐馆拥有了这道特色菜，也足以说明餐馆朝成功又迈上了一个新的台阶。当餐馆拥有这样的特色菜越多，那么餐馆的市场竞争力就越强，赢利就会越多。

有经验的楼面经理或部长们都知道，一般客人走进餐馆，如果是新客人，他们常会脱口而出地问：你们有什么特色菜呀？如果是老客人的话，常会问：有什么新的特色菜呀？老客人一般都会点要一两道他们了

解的特色菜，再根据点菜员的建议配一些新的特色菜或其他菜式。可见，特色菜对客人是很有吸引力的。

上述案例中的餐馆的位置并不理想，在中国城最靠边的地方，一般人走进中国城，都会经过了所有的餐馆以后才会到达那里。可以说，在地理位置上，他们处于劣势，但是他们还是在所有餐馆中脱颖而出，这充分说明了特色菜策略的惊人魅力。

所谓特色菜，大致分为两种类型，一种是具有地方色彩的特色菜，就是依靠本地特有而其他地方没有的原材料烹制的菜点，又或者这些原材料别的地方虽然也有，但是餐馆用当地的独有方法烹制的使之具有独特的地方风味的菜点。比如粤菜中的潮州菜有一道味道很鲜美，常令客人食指大动的菜叫做"酱汁薄壳"，就是用当地特有的贝壳类水产品"薄壳"烹制的。相对于外地客人，这种在潮州以外的一些餐馆很难吃到的菜点，便成为他们眼中的特色菜。这使得潮州以外的附近餐馆也常

常把该菜式的原材料采购回来而制作成自己餐馆的特色菜。另一种类型就是餐馆饭店依靠自己的技术力量，采用不同的制作方法，制作出来的口味、卖相都超越其他餐馆的同名称同类型的菜点。就好像上述案例中的"三杯鸡"。

要制作出成功的特色菜，首先就要有强烈的经营特色菜的意识，因为要成功地建立起自己餐馆的特色菜系，需要一定量的资金，需要在管理上有相对应的运行机制，需要一定的时间，需要不断进取，只有对它有了积极的深刻的认识，才会驱使人们克服各种各样的困难，与市场保持相同的节拍。其次就要在原材料上下工夫，研究采用新的原材料，比如上述案例中的新的原材料之一——越南香菜。此外，还要在制作方法上另辟蹊径，以其独特的烹饪方法制作出口味、香味、盛器以及总体卖相都极佳因而具有自己的个性特点的菜点。

5 怪味猪肠云来客

　　20世纪90年代，在南方的一个大都市，一对年轻的夫妇从街道企业跳出来，筹钱在马路边租了一小块地方，挨着另一家餐馆，办起一家小餐馆。与隔壁那家装修得令人眼花缭乱的餐馆比起来，他们的小餐馆显得颇为寒酸，没有像样的门面，没有深度，一眼就能把餐馆的里里外外看个一清二楚。才二三十个餐位，也显得很拥挤，为了争取多一点餐位，经常还要冒给城管人员没收的危险把桌椅摆到人行道上。

　　在开餐馆的当初，夫妻俩已经商量过，既然辞职了，就意味着没有回头路可走的了，餐馆一定要办好不能办坏。妻子是一个有才有魄力的人，她想，兵法上说，兵行险着，出其不意，让对手措手不及，可克敌制胜。我们现在还没有足够的兵，且都是新兵，那我们就要出奇兵。现在我们没有过人的好环境，势单力薄，就一定要在菜单定位上出一些新奇的，甚至人家觉得有点古怪的但却很好吃的菜式，以吸引越来越追求尝新、尝鲜的当代食客，闯开一条新路。现在中国主要有著名的八大菜

系，但是，没有人这八大菜系的还有很多并不是很有名的地方菜系也各有特色和品味。这些菜系是因不同地域的人有不同的饮食习惯而形成的。但是，现代社会已经出现了人群的大规模迁徙，大量的北方人和内地人向南方和沿海迁移，原来的饮食结构已经渐渐被打破，现在餐馆所处的位置，是原来的城乡结合部发展过来的，周围居住着大量的外来人口，而这些外来人口，哪个地方的人都有，有相当部分还是小老板，有一定的餐饮消费能力，我们何不克服派系之间的偏见，让不同的菜系联姻，集各菜系的精华，创制一些新奇菜式，以此作突破口，打进这个竞争激烈的大市场呢？她把这想法向丈夫提出来，丈夫非常欣赏，并建议菜单的定位就在"怪味系列"上，让一个"怪"字把食客的兴趣点引领过来。妻子连声赞同。

他们聘请了一位技术全面，又有钻研精神，但却没有门户偏见的中年厨师，他做得一手很好的粤菜和川菜。夫妻俩把自己的想法告诉了他。厨师想了想说：这想法好是好，但是建议不要一下子把面铺得太大。因为毕竟是新开发的菜式，而且是跨菜系的，市场能否接受还是未知数，因而会有一定的风险，即使是奇兵，也不宜一下子全部杀出，最好遵循从点到面的过程，可以准备多几个菜式，但以一两个新菜先突然杀出，看看效果，如果市场反映好的话就再推出几个，当有了一定的知名度后就迅速扩大规模，形成系列，同时再通过推广活动造势，这样会稳当一点。夫妻俩觉得他讲得有道理，便按照他的意见开始操作。

第一道推出的菜品是"怪味猪肠"，这是参考了粤菜和川菜的烹调方法创制出来的新菜，颜色带点焦黄，面上薄铺赭红色糖胶似的酱汁，

松软易嚼，去除了粤菜中常带有的大肠的骚味，鲜甜中带着微辣，品之
既有川菜的风味，也有粤菜的口感，但它不像川菜，也不是粤菜，可以
说味道可口得有点怪，但是正是这种怪，引起了人们的好奇心，驱使人
们老是想寻找出它究竟怪在哪里？越是想，就越是更多地把这怪味菜肴
往嘴里送。推出那天，他们以宣传单广发街坊，同时以海报形式在门口
贴出招徕顾客，上书："粤川联姻，菜系奇兵，怪味猪肠，八折奉客"。
想不到的是，效果好得出人意料。一时间，餐馆里外挤满了人，仅午餐，
就翻了两次桌，直至把这道新菜全部售罄为止；晚餐，更有食客早早就
闻风而来，有些吃完了还打包回家让没有来的家人也能"有福同享"。

感兴趣的客人中，既有广东人，也有四川客，还有其他地方的人。

一开局便赢了个大满贯，这自然是天大的鼓励，于是，"怪味猪手"、"怪味叉烧"、"怪味烧鸡"……便陆续闪亮登场了，生意越做越火红，隔壁餐馆的常客也渐次转移了阵地，到这里来见识"奇兵"了。真应了一句"餐饮业没有永远忠诚的顾客"。

现在，这家餐馆已经把邻近的那家餐馆吞并，并且还把接邻的几家铺位也要了过来，小餐馆变成了有一定规模的中型餐馆，有舒适的房间，也有整洁宽敞的厨房、厅堂了，鸟枪换炮，实在是今非昔比了！

→ 评　点

这是在菜品定位时的奇兵策略。兵法云："列观前志，连百万之师，两敌相向，列阵以战，而不用奇者，未有不败亡也。"商场如战场，同样需要出其不意，需要奇兵怪招。兵行险着，常常是克敌制胜的手段。

所谓奇，就是要产生惊异效应，想人之未想，做人之未做，结果也常常会得人之未得，因而做后往往使局外之人惊讶万分。

但是这种想，这种做，不是乱想，不是乱做，而是要在对现实市场作客观分析的基础上科学地去想，有的放矢地去做。案例中的主人公之所以会产生菜系联姻的想法，不是突发奇想，而是她看到移民城市的现实，看到了城市人群的重新组合，再联系到他们的饮食习惯，联想到人的追求新奇的共性，从而产生了创菜系奇兵的全新思路。这是对市场的审视和对传统文化认识所产生的组合效应。

　　一个"怪"字实在是用得太好了！猎奇心理人所共有，越是奇而怪之的事物，越能引起人们的好奇心。菜品定位也好，餐馆其他环节的定位也好，都应该抓住这个"怪"字。

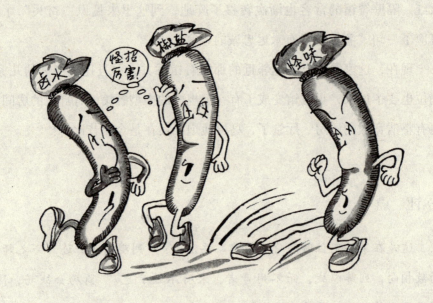

　　当然，奇兵需要正兵做坚强后盾，这正兵就是菜式的质量和价格。当"奇"和"怪"的宣传引领客人们纷纷走进餐馆后，客人吃到的却是令人大失所望的菜肴，那么你的奇兵就丧失了震慑力，又或者客人"买单"的时候感到被你深深地宰了一刀，那你的菜式再奇再怪也毫无意义了。

　　正如案例中的厨师所指出的那样，出奇兵也会有风险，因为它有接受市场检验的过程。从点到面，这是一种很好的工作方法，是稳中求胜的程序。它与奇兵的出人意料并不矛盾。

6 好在选了这个点

在加拿大的多伦多市，华人餐馆星罗棋布，不过大多集中开设在一个地方段，很少单独跻身于洋人的商圈里。但是，有一家有二百多餐位的中餐馆却反其道而行之，竟然独自置身于西方人的商圈中。整个饮食城围成一个硕大的圆圈，中间是大型停车场，一楼的所有空间都建成商铺或餐饮店，但全都是英文招牌，周围既没有中餐馆，也没有华人商场。在这里建中餐馆实在是一项挺冒风险的买卖。然而，老板却有这个魄力。

一个星期天，笔者约了一位刚从中国大陆过来探亲的友人到这里喝茶，这位朋友坐着亲戚的车来到了屋村，远远望去，映入眼帘的所有商铺的招牌都是洋文，那位亲戚十分惊奇，竟然怀疑自己是否找错了地方，慢速浏览了一阵子，终于看见了在洋文招牌海洋中有一个不太起眼的中文招牌。亲戚自言自语地说：有没有搞错？在这里开中餐馆能有多少生意？可是当他们走进餐馆后，眼前的景象却让他们大吃一惊：桌椅摆得很密，密密麻麻的座椅上坐满了密密麻麻的食客，靠近门口的地方还站

着十多位焦急地等着进餐的人，有华人，也有洋人。再看看座上客们，大多是华人，但是也不乏洋人和其他种族的客人。洋人们有些很明显是一家子到这里大快朵颐的，他们拿筷子的手势、动作非常熟练。朋友看看表，此时正值上午十点半钟。其实，笔者知道，从清晨八点钟开始，这里就已经满座。一直到笔者两点钟离开的时候，这种拥挤兴旺的景象仍然维持着。

一次偶然的机会，笔者适逢这餐馆的老板之一冯先生，当然免不了要询问当初在这里开餐馆的动机。冯先生微笑着说：其实当初大家的意见也不是统一的，有人也有你所提出的担心，特别是要在一个完全没有华人商业活动的圈子里立足，没有一点胆量确实不敢，不过，好在选了这个点，不然就会错失了这个大好的良机啦！哈哈！当初我是这样想的，

虽然这里是西方人商业活动的圈子，但是附近仍然散居着许多华人，那些地方是多伦多华人比较集中的地方。他们都吃惯了中国菜，不时要到中餐馆打打牙祭，很多华人都有车，屋村的停车场又是免费的，餐馆的菜品只要对他们的口味，让他们吃着感到亲切，感到地道，就能吸引他们到这里来消费。再说，加拿大因为华人众多，很多西方人都受到中国饮食文化的影响和中华美食的诱惑，越来越喜欢品尝中国菜，特别是粤菜，尤其喜欢广东人到酒楼来喝茶的习惯，颇喜欢茶市中丰富多彩的各种小点，比如我们独创的招牌菜式红烩猪肚、生炒萝卜糕、和味糯米鸡等就广受西方人和华人共同喜爱。现在，西方人晚上吃中国菜的小炒作夜宵也越来越普遍。因此，光顾粤菜馆的洋人日渐增多，你到城中心区有点档次的华人餐馆去走走看看就可以感受到这种氛围，只要装修得体，服务周到，干净卫生，特别是把洗手间整理好，不要沿袭中国的落后的洗手间文化，并始终如一地保持这样品位的服务素质，也同样能吸引他们到餐馆来消费，吸引他们打电话来预约要外卖。现在，我们为了适应这种客源需求，实施全天都可以享受茶市点心和饭市炒菜的经营方式。在这样的条件下，周围没有中国餐馆，中国餐饮店不成行、不成市的不利因素，反而会转变成我们独家经营，把全部想品尝中国菜的客流都吸引到自己餐馆的有利因素。现在看来，这选址定位是非常正确的了。

当然，竞争还是存在的，在现代社会交通十分便利，几乎全部市民都拥有汽车的情况下，客流是跨区域的，能有效地突破地域的限制。客人对你的餐馆稍不留神，汽车就不会停到你餐馆前面的停车场，即使有客人来到屋村，也会跑到西方人的餐馆令你干瞪眼了。

113

→ 评 点

冯先生的眼光和胆识令人钦佩，在西方人饮食、商业活动区建立起中式餐馆，并且令其一枝独秀，长盛不衰（已经保持了两年的兴旺），十分耐人寻味。选址定位是一门学问，其中要注意的是，在众多的定位中，选址不是孤立的因素，它必须与服务、菜品、环境、经营策略、管理机制、资金数量等因素相关联。这是很关键很关键的一个认识，是选址定位决策中绝对不能掉以轻心的极其重要的环节。冯先生的餐馆能够反其道而行之进行选址，把不利因素变为有利因素，这与他们正确分析客源结构、客源流动状况和饮食潮流的变化趋势，让上述因素都适应他们的选址定位是密不可分的。这种情况其实在国内也有例可寻，许多大城市的城郊餐馆前不着村后不近店，却独家经营尽领一方风骚，日日宾客盈门，让同行羡慕得牙痒痒却又琢磨不出道道来。

可见，成行成市能吸引四方客人，但独家经营也未尝不能吸引八方客人！

不管你是先定地址后决定经营方式还是先定经营规模和档次、菜式后找地方，都要记住必须把选址和客源目标，和上述因素紧密联系起来做全盘的考虑。任何一个餐馆都不可能全方位地为整个餐饮市场服务。顾客由于受年龄、性别、民族、职业、地域属性、文化氛围、饮食习惯、身体状况等诸多因素的影响，其餐饮消费的需求必定会表现出个性化，即对食品品种、花色、口味、卖相、价格以及就餐环境等方面的消费选

择追求多样化。所以餐馆应该根据自身优势分辨出它能有效为之服务的、对之最具吸引力的顾客群体，并根据这一顾客群体的需求特点进行明确的市场定位，在市场上树立符合其需要的、有别于竞争对手的鲜明形象，从而使自身在市场竞争中，在现存消费者或者在潜在消费者心目中占据有利的位置，并根据目标市场的需求变化不断地创新餐饮品牌和服务品牌。

7 好在选你当经理

陈先生是广州一著名大型餐饮连锁企业的董事长，名下几家分店生意都红火。早几年，在他考虑投资方向，打算进军餐饮业的时候，心中也是很矛盾的，因为自己对餐饮业一窍不通，隔行如隔山，投资存在很大的风险。后来，有朋友提醒他说：既然你想投资餐饮，而你又不懂这一行，你可以聘请懂行的人来协助你呀。

"登报聘请?"他问。

朋友回答说：这有点盲目，因为你不知道你招聘的人的底细，比如职业素质、专业技能、职业品德、社会关系等，万一选择错了，就会走很长的弯路，有时甚至会造成很大的损失。最好的方法就是你到一些经营得很好的名店去挖人。因为经营好的名店，必定有很好的经营人才，这些人才有经验，有广泛的业内人际关系，让他们帮助你打江山，风险会小得多。你可以多一点到这些名店去用餐，找机会认识他们，和他们交上朋友，在交朋友的过程中悄悄地考察他的人品和职业水准，在适当

的时机把他们挖过来为我所用。只要有了感情作基础，再加上丰厚的回报，招聘精英人才并不是难事。

陈先生觉得朋友的话很有道理，于是便趁着出差的机会经常到香港一家很有名的大酒楼用餐。酒楼生意很好，风度翩翩的大堂经理引起了他的注意。

有一次，几位从内地到香港的食客坐在他的邻桌，点了一道"白灼虾"，不到10分钟，白灼虾就被端到了桌上。客人惊奇地说：你们的速度挺快的。他们一边吃着一边聊天。忽然，一位客人对同伴说：这虾怎么不太热？另一位说：是的，我也注意到了，而且我还注意到这虾的色泽不太均匀，有深有浅，好像有点问题。于是客人招来了服务小姐，质问她道：别看我们从内地来，可都是食家，你这虾不是我们刚才点要的虾。你看，虾身颜色深浅不一，拿起来一点不烫手，不是人家退回去又给我们的吧！怪不得上得那么快！另一位也附和说：就是，你看有些颜色偏暗，莫不是死虾活虾混着一起白灼吧！那位中年女服务生耐心跟他们解释说：我们这里是有名的大酒楼，不会这样做的，而且我们从来不会卖死虾。请你们都放心食用。

可客人就是不相信，不管服务员怎么说，客人就是不肯接受这道菜。很快，大堂经理寻声而来，他先安慰客人："先生，很对不起，我们的工作一定有什么做得不够的地方，多多得罪了，能跟我说说是怎么回事吗？看我能帮你什么忙。"在此同时，他一面叫服务员为客人换上热毛巾，斟上热茶，以缓和紧张气氛，一面观察席上的那碟白灼虾。在听完客人的投诉后，他明白了问题可能出在客人对活虾烹制的过程和特征不太了解。于

是，他对客人说：这碟虾是死虾还是活虾，我们先不要讨论，我想请你们到厨房看看我们是怎样烹制这道菜的，好吗？客人们同意后，他们一行人就走向厨房。十来分钟后，当他们走回来的时候，客人们的脸色已经缓和了，他们好像朋友似的聊着。后来陈先生才了解到，经理是带他们去看活虾的现场烹制，结果，客人们所看到的现场制出来的虾跟他们桌上放的基本相同，经理还为虾不够热跟他们道歉。于是客人们的气都消了。

陈先生终于在日后找到机会认识了这位经理，并且交上了朋友，而且通过他还认识了酒楼的行政总厨，彼此也成为了很要好的朋友。他把自己想在内地投资餐饮业，并且欲高薪聘请他们当"开国元勋"的打算告诉了他们。双方一拍即合，在两位专业精英于原单位合同期满的时候，他们便携手共同开创了广州的新天地。现在，这家餐饮连锁企业是高唱

着"步步高",生意越做越旺。

→ 评　点

　　餐饮企业在开创期间收罗人才的路子很多，其中，在行业内物色精英人物，选择在名餐厅工作多年的骨干为我所用，用情感感化他们，用高薪聘用他们，是其中一道风险相对较小，把握较大的捷径。许多成功的餐厅，一开业就一鸣惊人，一帆风顺，生意一天比一天好，大多因为他们找到有职业道德的真正的内行，并委以重任才得以一路高歌。除了上文所说的陈先生，还有许多精明的投资者，在谋划着要加盟餐饮业的时候，几乎都是要到生意兴旺、有出色的品牌产品的有名的酒楼饭馆吃饭，反复考察市场、考察经营方向和考察人才，向自己心仪的人才递送

名片，找话题，并使之成为自己的朋友，一旦时机成熟，就把他们收罗到自己门下，或使之成为自己的合作伙伴。这种收罗人才方式的定位，都是他们成功的关键。

乍一看，高薪聘用人才可能会加大成本，但是，精英们有技术，有经验，有相对宽广的业内人际关系，他们是真正的行家里手，由他们带领着他们认可的一班专业人才组成的精诚团结的团队一起上路，哪有不成功的道理呢？当然，成本必须细算，只要在营业额能接受的范围内，就不妨大胆地往前走。要坚定地相信，在现代社会的竞争中，人才是竞争的永恒对象，人才的竞争才是一切竞争的核心。

这样的定位除了要算经济账外，还要设立一个道德考察的关口，业界的技术精英们大多在圈子里有一定的知名度，因此，可以在这范围内对技术人才做一番职业道德的考察。这很重要，没有很好的职业道德，技术越高，危害可能会越大。

𝟪 这钱花得有价值

在广东省一座大都市的同一个行政区有两家大型的海鲜酒楼，相距两公里左右，彼此都是所属总店的分店，销售的对象都是附近的住宅群的居民，两者的内装修都差不多，后者大堂比前者略为通透，两者经营的菜系一样，也都是以海鲜为主，一家坐落在中心市区的大马路边，附近车水马龙，一家在小区的小马路边，车流和人流相对少很多。后者开业比前者要迟很多，而且，价格比前者要贵一些，但是，其上座率一点不逊于前者。朋友程先生是一位律师，居住在这两家酒楼的中间，女儿上大学，夫妇俩晚上下班回家后都不想天天被困在厨房里，于是，他们很自然地便成了这两家餐馆的常客。因为众所周知的原因，笔者不想直称这两家餐馆的真实名字，在闹市区，价格稍便宜的前者且称作 A 餐馆，后者称作 B 餐馆。

程律师告诉笔者，这两家餐馆，各有千秋，但多次消费，反复对比后，他觉得还是到 B 餐馆爽一点，原因之一：虽然进这家餐馆要花多一

点钱，但这钱花得有价值，因为，它同一菜式的菜品比 A 餐馆好吃。他举了一个例子说，榄角蒸边鱼，前者是 18 元一斤，后者却要 23 元，以百分比看虽然贵了很多，但是其他炒菜却贵不了多少，两个人来就餐，点一道炒菜，一款蒸鱼，一顿饭下来也就贵了几块钱，算不了什么，但是口感却完全不一样，享受也就不在同一个档次了。既如此，那我为什么不朝好吃的地方走呢？原因之二：A 餐馆开业时间长了一些，有点老气横秋，有好些品牌产品虽然都很可口，但是缺乏新鲜感，从造型、卖相到口味都给人以这样的感觉。而后者，菜单上很多新鲜名称，生产出来的菜品在形式上，造型上和创意上都能给人以新鲜感甚至新奇感。比如有一道鱼香茄子的菜肴，本来是极平常的菜式，几乎每个餐馆的菜单上都榜上有名，很难想象有什么特别之处。但是 B 餐馆却别出心裁，他们把肉泥酿在一条完整的茄子上，活像一条煎黄了煎香了的酿了肉泥的鱼，外观上就给人以新奇感，加上扑面袭来的浓香和滑嫩的口感，不禁叫人赞不绝口。像这样有创意，味道好的新奇菜式还有好多种，难怪这餐馆天天都满座，迟一点来都要排队等位置呢！看来他们在菜单设计的定位上是花了很多工夫的。

程律师的猜测一点没有错。B 餐馆在筹备开张的时候，他们在菜单的定位上就做了很多工作。他们考虑到，在相邻的餐馆中，同类型同档次同规模的就只有 A 餐馆。这绝对是竞争对手，他们已经开业在先，其连锁的名称已经在广州市民中深入人心，而且在闹市区，如果没有优于他们的强项，难免要败在他们的手下。而最重要的竞争项目，莫过于菜单的定位了。开拓些什么新菜，旧的菜式如何在形式上、内容上、味道

上甚至名称上作积极的更新，价格定在一个怎样的水准上，他们都组织了专业人员反复到 A 餐馆试菜，回来后反复琢磨如何在味道上和造型上、烹制方法上超越人家，反复核算成本，求证定价的合理性和可行性。就拿刚才所提到的榄角清蒸边鱼来说，他们就曾经踌躇过，价格比人家高了百分之二十多，会不会自己封杀自己呢？但他们在反复的味道对比和造型对比中，确认了自己的产品具有绝对的优势，也就自信、坚定地把价格定了下来。结果，实践证明了这种定位是完全正确的。有这样过硬的技术和物质基础，就有了把价格提高的条件，如果把价格定低了，损失营业额不说，更重要的是会把菜品的档次以及餐馆的档次拉下来，在食客心目中造成不利于餐馆的认知定势，以后要把这种认知扭转那就很难很难了。

再说，他们对周边的住宅和写字楼的情况也作了深入的调查和分析，

居民中有相当部分是从城乡结合部转过来的原来的农业人口，他们拥有被政府征地的补偿金和被开发商征地补偿的房子，大多数人都拥有两套以上的住房，除了自住就是出租，因此这些人经济能力都很强，他们又都习惯于早茶、下午茶、夜茶、夜宵的享受，他们绝对是酒楼的常客。而附近征地开发的屋村也不少，而且还在不断地增多，这些楼盘的众多新业主们也绝不是穷人，他们的餐饮消费力都非常惊人。在自己餐馆200米半径内，有十几个大型企业，只要菜肴质量受欢迎，这些潜在的消费者一定不会斤斤计较每顿饭多出的那几块钱或十来块钱。

→ 评　点

　　菜单的定位在餐馆的筹备工作中至关重要。呈现在客人面前的一张菜单，大概能给他们提供这样的信息：一、餐馆的档次。精美而详细，内容丰富的菜单能给客人留下美好的印象，认为菜单都制作得如此认真，那么菜肴想必也有一定的水平，起码不会马马虎虎；二、这家餐馆所能提供的所有产品的名称及其特别吸引人的外观形象。如果品种繁多，琳琅满目，那么食客可选择的空间就会很大，这是客人很乐于见到的。就像很多主妇觉得在商品琳琅满目的大型超市购物时有一种很惬意的享受一样，食客也会觉得在精美的菜式、内容丰富的菜单上自由自在地选择自己喜欢的菜式很有情趣；三、所有菜肴的价格，这是很重要的一个环节，是客人消费时考虑得最多的因素。我们所说的菜单的定位，除了这些传达给消费者的信息之外，还包括客人从这菜单中不能直接感受到的

但烹调工作人员却必须严格执行的各项菜肴的制作标准（包括材料的质量标准、材料和作料的分量、菜肴的组合以及制作方法、菜肴装盘等）。

菜单的定位实际上就是餐馆生产计划、经营方向的定位。

上述 B 餐馆的定位就在于：有新菜式出现；为旧菜式赋予新的内容；新旧菜式都要色香味俱全；所有菜式的总数量要比 A 餐馆多；部分主要菜肴（大部分是以海鲜产品作原料的）价格比 A 餐馆要高一个档次，等等。

从整体上看，很明显，因为餐位都差不多，上座率也差不多，但是由于 B 餐馆主要菜式价格高，B 餐馆的营业额就要比 A 餐馆高，在市场竞争中，他们就暂时站在了领先的位置上了。

我们应该记住，在市场上，永远是质决定着价。可见，价的基础就是质。价格的定位来源于质的定位。这是菜单设计定位的核心。

当然，价格水平还受着目标客源的制约，如果你的餐馆处于一些老企业的宿舍区或老城区旧房子住宅群附近，你的价格定位就要十分慎重，没有充分的市场调查和反复论证，千万不要随便把价格拉高，不然很容易招致"灭顶之灾"，这种现象在餐饮市场上经常见到。因为在这些地方住着的基本上都是老人或一些刚出来工作，还依傍着老人居住的为数不多的年轻人，成了家的年轻人大多已经搬出，留下来的这些人的消费能力都比较低。

在餐馆的基本档次没有改变的情况下，在不同的时间段内，菜单的定位应该处在可变的状态。这种状态包括菜式的变动和价格的变动，菜式的变动主要是指较少人点要的菜式要及时淘汰，根据市场的需要不断开发的菜式要及时增加，保留的菜式要随市场的变化不断加以改良。餐馆必须设专人定期统计各种菜肴的点要率。有关领导根据这统计数据，集体讨论菜单定位的变动。

在明白了单价以质为核心的基础上，我们还要明白单价其实与量也有着一定的联系。笔者曾经考察过北美的中餐馆，发现了一个与国内不同的现象。那就是有相当多的中餐馆的每一单位菜肴，如每一碟或每一碗的分量特别大，比如，两人用餐，只需点一个贵妃鸡煲，一款东坡肉（肉底垫了些菜），就一定吃不完，打包回家还可以两人再吃一顿。但是，单价就高一点，大约10美元或12加元；也有另一种中餐厅，每一单位菜肴的分量明显小，但是价格都在七八元。笔者调查了一下，如果是质量特好特别受欢迎的招牌菜，分量大一点稍贵一点是明智的，但是如果是一般的菜式，市场反映平平的话，最好就是走分量小，价格低的

路子比较稳当一些。因为，好吃的受欢迎的菜式一般当即就能吃完，打包回家再热的时候味道就会差很远，人们一般不愿意打包，除非是尝着太好了，打包回家马上让家人品尝。而市场反映平平的拿回家就更不好吃，人们吃过一回以后一般都不会再回头点要这些菜。他们宁愿走进那些菜肴分量小、价格低的餐馆去。

9 我想点要这款鸡

案例发生在南方大都市一家大型餐厅。

一天，王先生携老朋友到这家餐厅用餐，因为这家餐厅有一款名字叫"广×鸡"的菜令他十分感兴趣。此鸡价钱虽不菲，但是王先生觉得它好吃无比，自认为是在这个城市中烹制得最可口的一款鸡。这道菜采用的鸡都是小体形的还未下过蛋的小母鸡，是从外地特约的养鸡场购进的，鸡种全国有名，质量把关十分严格，一只鸡分开四到六块，一上桌，便香飘四座，吸引眼球，入口品之，肉嫩且鲜；皮呈金黄色，泛着油光，卖相极具诱惑力，进口细滑爽脆；尤其令人神往的是那一碗用以蘸着吃的佐汁，味鲜香浓。这款菜呀，只要尝过一次，一定会留下深刻的印象和永久的记忆，一定会想方设法回头再次品尝。王先生已经吃过好多次了，但是仍然忍不住过几天就要来打打牙祭。他认为，这是他有生以来吃过的烹制得最好吃的一款鸡。

这天，他和客人都觉得十分满意。他们正吃得高兴，可能是广×鸡沁人心脾的香味和诱人的卖相强烈地吸引了邻座一对年轻的夫妇。他们很快就招来了部长，指着王先生桌上的"广×鸡"说："我想点要这款鸡。"谁料部长却很抱歉地笑着说："真对不起！这广×鸡呀，已经供应完了！"客人吃惊地看看表说："不对吧，现在才12点15分，午饭市才刚刚开始，怎么就卖完了！"部长还是微笑着说："这是千真万确的，这款菜是要预订的，预定的所有数目也只能是60只，如果预订不到，就要赶早来。一个饭市就供应120只，其中预订的60只，即点的60只，一只不多。先生可能是第一次光临我们餐厅，如果你觉得有疑问的话可以问问他。"她把脸转过王先生这边。王先生点头称是。那位客人无奈地

摇摇头说："既然那么好销，你们为什么不多做一点?"部长笑而不答，只是说："先生如果真的想尝广×鸡，下次可以早一点来，或者早一点打电话来预订。"

原来，部长笑而不答背后大有文章。这是总经理的品牌营销策略在起作用，是他规定了每市只能供应120只，一只不多，一只不少。"物以稀为贵"这句中国的老话被总经理用到餐饮经营决策上去了。

笔者曾经问过总经理：既然广×鸡如此好销路，为什么不随行就市，多生产一点，这样营业额和利润都会增长呀！总经理诡秘地笑笑说："物以稀为贵嘛，多了，卖滥了反而会影响营业额。"我皱皱眉，表示不解。他继续说：广×鸡是我们餐馆的品牌产品中的尖子，由于这种产品对采购来源要求很高，制作工艺保密性强，质量很高，品尝过的客人无不交口称赞，暂时其他竞争对手还不能模仿，即使有些餐馆也学着做，但是都做不了我们餐馆的味道。销售的实践证明了它有很好而且很稳定的市场效应，保持着一定的供应量可以吊着市场的胃口，保持着我们的产品始终处在供不应求的状态，这样才会保持着市场上的争购局面，那么才会有稳定的营业额。好像你们刚才看到的王先生，为了能吃上这道菜，他要么提早预订，要么就早点来。我们还规定了预订的只能等到一个限定的时间，过时不候，很多客人都已经习惯了像他那样赶早来，这样，饭市的有效营业时间就能增加，我们就能切实地提高翻桌率。你看，现在是中午12点，我们的餐馆上座率已经达到了90%，这些客人，很多都是冲广×鸡而来的。这是其他餐馆少有的。当然，广×鸡只是我们众多品牌产品的一种，有些客人可能会冲其他品牌产品而来，好吃的菜

式还真不少。毕竟，这广×鸡价格比较高。

不过，目前这 120 只的限量也不是一成不变的，我们会随着市场供求关系的变化及时地做适时的调整。再说，因为原材料的货源也不是说变就能变的，核定了一定的数量就要维持在固定的时间内。下一时间段的货源数量我们会根据这段时间的供求状况而决定。

→ 评 点

"物以稀为贵"这一恒久不变的市场规律，很多人都知道，但很多人都只是被动地接受，并非每个人都能运用到经营决策和经营实践中去。为什么"稀"就能贵呢？因为稀就意味着供不应求。上述案例中的总经理，其高明之处就在于在一定的时段内，在一定的范围里，利用商品的高质量在人们心中的影响，把供应数量相对固定在一个位置上，人为地制造一种供不应求的局面，以激发起客人的争购心理，以保持客人在一定时段内的争购欲望。

这种手法，在房地产市场常常被出色地运用。当一座新楼盘要推出的时候，开发商很多时候都不会一次性地把所有套间同时推出，而是在一定的时间里开展促销活动，只推出部分单元，同时对首先订购者给以些许优惠，而这些优惠只能在一个很短的促销时间里才能有效，只能在这有限的推出套间的范围里才有效，并且随着购买者的先后顺序不断地变化着。在活动的过程中，不断地以扩音器宣布优惠的套间已经售出多少，优惠率已经减少了多少，在一个局部的范围内人为地制造出供不应

求的现象，促使买家尽快下决心购买。这种手段，看似带点奸商的味道，但是它却没有违法，而在某时间段内控制销量，以维持一定程度的供不应求的做法，却是可以借鉴的。

当然，这种定位，这种经营策略的制定必须有一定的前提，那就是产品一定要有很好的质量，而且这种高质量是稳定的，这种稳定的高质量必须能充分调动起客人的求购欲。如果顾客没有求购欲，奢谈供的控制是毫无意义的，是十分滑稽的。

这种对某种尖子产品供应量的控制还必须以品牌产品群的存在为基础，没有后者的支撑，前者所起的作用就会大打折扣。道理很简单，比如，客人点要广×鸡而已经供应完毕的时候，若也有能使客人吃得满意的其他品牌菜式的话，他们的失望感就会减少，就不会扫兴地扭头而去。

在用餐的过程中，邻桌广×鸡的香味和卖相会强烈地吸引他们再次求购。

还有，供求比例应该控制在供是求的80%左右，比例过少，会导致客源的浪费，损失应有的营业额和利润。

尖子品牌产品的烹制方法还必须严格保密。餐馆应和有关人员签订保密协议，力保在有关技术人员为本餐馆服务期间不让技术外流。

10 临时决策要灵活

佛山市南海区是一个餐饮业十分繁荣发达的地方。这里，餐馆星罗棋布，各有特色，竞争十分激烈。因此，这里的服务、菜品在整个佛山地区都是有名的。

话说在一家颇有知名度的大型餐馆，曾经发生了这样一件事。

老王是这家餐馆附近一大型民营公司的副老总，由于业务接待的原因，经常在这餐馆接待各方客人，成了餐馆的常客。那天，他和总经理办公室主任又带了几位客人到餐馆来了。不过，这天不是老王请客，而是他的业务客户为答谢他们的接待和庆贺合作成功到这里请客。这几位客人以前也曾经来过，是从广州过来的，前厅部长黄小姐对他们也有印象。客人们很快就点完菜，席间主客双方都很愉快，一切都很正常。

但在结账的时候，意外的事情发生了，当前厅部长黄小姐告诉他们结账金额是 1050 元时，客人提出异议说：我们点菜后估算了一下，菜价大概 800 元，怎么相差那么远？麻烦你等一等，让我们仔细看看账单。

很快。客人就看出了问题说：那个甲鱼补血汤不是18元吗？怎么变成了131元多？这时，正在不远处站着的前厅主任马上就发现了异常，随即走过来，略微了解了一下情况，马上猜到了是怎么回事。一定是客人把每50克甲鱼18元看成是每个汤18元了。于是立即把点菜本拿过来摊开向客人解释。客人看到菜单上明明白白写着的价格一下子呆住了，反复重复着一句话：我刚才怎么会看成是每个例汤18元呢？可能是我刚才点菜的时候顾着讲话没看清楚了。你们那个"每50克也写得太小了，很容易忽略。你们是有知名度的大酒楼，不应该写成这样……"说话时，一脸的尴尬和不快。

这时，一直在旁没说话的老王发话了，他把周主任叫到身旁小声说："周主任啊，灵活处理一下吧，最好是使大伙都能接受，高高兴兴地来，高高兴兴地走，以后再高高兴兴地来。"听了老王的话，周主任想，怎

样才能彼此都满意呢？毕竟是明码实价标出来，就算是字写得小一点，也还是看得很清楚的呀，百分之百是客人的责任啊！不过，她毕竟是个机灵人，听出了弦外之音，明白老王的暗示。如何处理呢？应该马上作出决策，作这样的决策虽然难度很大，但是一定要拿出来，而且要快。她想，这老王是我们的熟客、大客，他对餐馆的态度，会影响到们公司的其他下属，也会影响到来自四面八方的客人，一定要慎重而又灵活地处理；再说，发生这样的事情，点菜的部长多少也有点责任，换位思考，从客人的角度去想一想，他们也有可体谅的地方。于是，她马上向当值的副总经理请示，汇报了自己的处理意见，副总同意了她的处理办法。

　　周主任很快回到了客人的身边，她真诚地说："很不好意思，今天出现了这种情况，说明了我们的工作也有做得不够的地方。比如，在为

客人点菜时，服务员应向客人讲明这是按重量定价的菜肴，并问清楚客人对数量的要求，那么，这种事情就不会发生了，这是我们工作上的疏忽，还请多多包涵。"看到周主任如此真诚地主动承担责任，客人反而不好意思起来，也回答说："我们也太粗心了，没看清楚。"

周主任继续诚恳地对客人说："先生，这件事这样处理你们看行不行，这顿饭你们按全单的 8.5 折买单，以弥补我们在为你们的服务时的不足。"客人听罢，所有的怨气都烟消云散了，也感激地说："那太谢谢你了，就冲你们的这番人情味，以后我们都会常来的……"

果然，这位客人不但日后经常带家人来用餐，还不时带广州的朋友甚至外省的客户到该餐馆消费，成了他们的熟客。而老王，也满意他们的灵活处理，一如既往地做这家餐馆的常客。

→ 评　点

决策，不但在筹备餐馆时，在讨论经营方向，制定规章制度和管理方法时需要，而且在经营管理的整个过程中，特别是在处理一些突发事件的过程中，都十分需要。整个突发事件处理的过程，也就是做出决策和实施决策的过程。决策恰当，息事宁人，把不利影响降到最低，将有利于餐厅的后续经营，但如果决策失误，把事情闹大，惊动面越搞越广，甚至惊动了媒体或政府管理部门，就会给餐馆造成无可弥补的巨大损失。

餐馆接待的是八方来客，客人当中，什么样的人都有，因此，在餐饮服务的过程中，突发事件是难免的，而且它的发生，没有什么时间上

的规律，随时随地都可能发生。因此，餐馆必须设立处理突发事件的应急机制，以在当时能按事件的级别有相应的责任人能适时地做出适当的决策。

要做出恰当的决策，固然要凭经验，凭对服务对象的心理规律的了解，凭在面对客人时的镇定、冷静，但是，光有这些还不够，还要善于理解对方，要有换位思考的素养，把自己放到顾客的位置上去思考自己会有怎样的反应；同时，还要有尽量让顾客满意的指导思想。上述例子中的周主任，之所以很快、很漂亮地把事情摆平，除了她从业时间比较长，有处理同类事件的丰富的经验以外，还在于她有换位思考的人情味，有令客人满意的指导思想，所以能真诚地向客人道歉，正所谓得理也让人，从而感动了客人，赢得了他们的信任和好感，为餐厅带来了良好的口碑和长远的利益。当然，像周主任这样的良好的职业素养不是天生的，是靠餐馆对有关人员提出要求和不断培训的结果。可见，餐馆对中层干部的职业素养和专业技能的提高应该得到重视，从业人员服务经验的认真总结和总结后的认真学习应该得到重视，因为这是提高决策水平的基础。

11 不妨反其道行之

在餐饮业有一点资历的人大概都不会忘记 2003 年给餐饮市场带来浩劫的那场"非典"，因为在那场浩劫中，人人闻"非典"而色变，绝大部分市民都不敢上馆子喝茶吃饭了。相当数量的餐馆沉沦了，有些虽不至于破产，但也元气大伤，不得不关门暂时停止营业，让员工放假等候开业通知。

广州有一家中型餐馆的总经理，姓曾，有文化，曾在国外的中餐馆打理过，颇有进取心，遇事爱思考，有点子。他所在的餐馆，在"非典"横行的日子里也不能幸免，生意一落千丈，原来一天三万多元的营业额一下子被砍去两万元。曾总忧心忡忡：不知道这"非典"还要闹多久，看样子还没有一点该结束的动静，再这样下去餐馆非得关门不可！有什么法子能摆脱这被动的困境呢？他想起了自己在国外的那段日子。

他清楚地记得，在一个圣诞之夜，那是在加拿大的多伦多市，他开着汽车，把一桌圣诞晚宴送到一户犹太人的家，用一次性的塑料台布把

桌子铺好后，就把一碟一碟的菜捧到桌子上，然后一个人伺候着客人一家人吃完了一个圣诞晚餐。他又想起了有一回，一位侨居加拿大的俄国人为了给自己的母亲贺寿，在自家别墅的花园里摆自助餐，设了 10 桌酒席，自己带领着酒店的一班伙计，用汽车把菜肴、酒水饮料、桌椅和所有的餐具都运到客人家。晚宴非常热闹，客人满意，主人满意，餐馆狠狠地赚了一笔。他想，这样的形式现在是否可以用上呢？在国内，传统的外卖都是单个的饭菜，很少是一桌酒席连服务一块销售，这是习惯的销售方向，现在是非常时期，客人们只是因为"非典"的原因尽量避免到诸如餐馆等公共场所，尽量避免餐馆的不卫生带来的被传染的可能，所以不敢到餐馆用餐，这并不等于客人就因此没有了需要接受餐饮服务的要求。该庆贺生日的他还是要庆贺，该摆满月酒的他还是想摆。我们何不调整思维，来个反其道而行之，试行逆向营销，把服务的地点改变

一下，把酒席的服务，把套餐的服务送到家庭中去呢？只要我们坚持卫生第一，所有的菜肴保证不沾野味，保证熟透，那么，客人的所有担心都可以放下。如果客人家庭有条件的话，还可以派厨师和服务员上门烹饪和服务，这样，客人就可以绝对放心地接受了。尽管这样做会特别费劲，特别琐碎，辛苦很多，但是它却能帮助餐馆争取到多一点的营业额，以熬过最低谷的日子。

于是，他在全体员工的会议上公布了自己的设想，分析了餐馆面临着生与死的严峻局面，分析了餐馆的命运和员工命运之间的紧密相依的关系，并指出这种改变习惯的营销方向的决策的必要性和暂时性，希望大家都拿出主人翁的精神，同舟共济，艰苦奋斗，共渡难关，并发动大

家讨论、探讨这样做的可行性。很快，全体员工取得了对这种新思路的共识。餐馆也很快就把这决策确定下来，在人员安排上作了大规模的调整，同时把这项决策的有关事项打印成宣传单向来餐馆吃饭的客人发放，走出大街向路人发放，通过电话和电子邮件通知熟客，大家都异常热情地投身到这场逆向营销中去。他们在与"非典"比耐力，比韧劲，大家都认识到这是在为自己的根本利益而奋斗，结果，外卖盒饭大幅度增加，外卖酒席和套餐的工作天天满负荷。

几个月后，"非典"的阴霾终于渐渐消散，他们的苦战也没有白费，餐馆在保持不赔不赚中渡过了难关，全体员工也因此保住了自己的利益。大家终于都可以长长地舒一口气了！

曾总脸上露出了胜利的笑容，他告诉笔者：在平常的日子里，大家都依着惯性工作，过日子，按部就班地做出决策并不难，但是，当遇到不可抗力的天灾人祸时，决策就十分艰难了，难就难在不能再像平时一样按常规去思维，而要打破常规去进行逆向的思维。

→ 评 点

在很多时候，常规都是必须遵守的，但是，常规又不是在什么情况下都必须遵守的，在必要的情况下，不但不应该墨守成规，还可以打破常规。我们在为某个环节定位，需要做出决策的时候，有时就需要打破常规去做逆向的思维。这就是上述案例告诉我们的一个道理。

要遵循逆向思维做出决策，首先就需要有强烈的打破常规的意识和

勇气，即使不是在碰到诸如"非典"这样的特殊情况，而是在一般情况下，我们也要习惯于运用逆向思维。世间的事情都是多元的，需要到达一个目的地，往往有多条路径，正所谓"条条大路通罗马"、"不在一棵树上吊死"说得就是这个道理。凡事不妨多设几种可能，多选择几种方向并用于实践。

其次需要经验，这种经验可以是自己的，也可以是别人的，因此总结自己的经验和借鉴别人的经验以及集中群众的智慧便显得十分重要，在上述案例的决策形成的过程中，经验就直接启迪了曾总，全体员工达成共识也大大地鼓舞了曾总。

最后是需要靠科学的分析，上述事例中，很可贵的一点是，首先，曾总认清了人们之所以不敢到餐馆用餐的真正原因，那是为了尽量避免到公共场所以防被传染，尽量避免在外就餐时因为餐具不卫生被感染上"非典"，其次是他并没有被市场的表象所迷惑，透过市场的冷清，他看到了市场仍然潜在的需求——"人们之所以不敢到餐馆用餐，并不代表人们没有了需要接受餐饮服务的要求。该庆贺生日的他还是要庆贺，该摆满月酒的他还是想摆。"这分析非常客观，也非常重要，是制定决策的依据，因为有求，才谈得上研究如何供。

12 攻其一点也足够

在美国的一座大城市里，有几条紧挨着的街道集中住着为数不少的同性恋者。在那里，他们一点都不需要隐匿自己的性取向，性伴侣们公

然地在大街上手拉手闲逛，在餐厅内亲昵地对饮和耳语，商店里赫然摆放着同性恋者们的日常生活用品和文化用品，其中包括很多性用品、性图书、性光碟、带着强烈的同性恋色彩的各式服装和小摆设。他们都很整洁、斯文、有礼。如果你有兴致邀请他们合影，他们一般都会很愉快地接受你的邀请，如果你要问路或请求他们帮助，他们也会极其热情友好地详细解说，令你感动万分。

在其中一条街道上，有一家小餐馆，只有三四十个餐位，餐位中包括有三套沙发。座位之间，并没有服务生在走动，只有一男一女两位服务员站在靠门口的柜台里面，但柜台却比较宽阔，里面摆放着多种多样美味的美国式点心，陈列着名目繁多的各款饮料，还有磨咖啡机、微波炉等设施。除了取饮料和食品需要当场在柜台付钱购买外，其他一切服务都是自助的。

这餐馆有两处奇特的地方，一是不提供烹饪的菜品，只供应现成的点心、西饼和饮料；二是几乎每一张桌子上都放着手提电脑，客人们都安静地在电脑前工作，旁边摆着一杯咖啡或其他饮料以及些许点心。有些则在专心看书。还有些是逛街走累了，口干了，走饿了，进来歇一歇，补充点水分和营养，恢复点体力。反正这里有吃有喝，坐得舒服，还可以看看此地特有的千奇百怪的街景。

原来，这是一间有点像中国大陆的网吧的咖啡厅，但是，它跟网吧又很不同。网吧有很多电脑提供给上网者，这里一部电脑也没有，只提供无线上网的条件，只有你的手提电脑也有无线上网的设置你才能在这里随心所欲地作网上冲浪；普通网吧没有多种点心以及饮料的供应，最

多只提供茶水或咖啡或可乐之类简单几种饮料。而这里的点心和饮料的种类却跟其他咖啡馆没有什么两样；中国大陆的网吧要按上网时间收费，比如一小时要收费多少等，而这里只收饮料和点心钱；普通网吧不允许不上网的其他人员在里面闲坐，而这里却随你的便。你来这里就是不上网，不叫吃不叫喝，或光是拿着一本书在那里泡，店员也不会下逐客令，宽容得很。笔者就曾经亲眼看到一位棕黑色皮肤的男人拿着一瓶水匆匆忙忙地走进小店，一屁股地坐在沙发上，东张西望了一阵子，把手中那瓶水喝完然后才蹒跚走出小店，把空瓶子扔到门口的垃圾桶，他既没有拿吃的，也没有拿喝的，手中也没有电脑。不过，绝大部分客人至少都会有一杯饮料或咖啡在面前的桌子上放着。

后来，我跟店员聊起来，才知道这小店已经开办三年了，至今仍稳稳地站住了脚。他们就是看准了美国是一个移民国家，而这里住的

很多都是租户，他们大多用手提电脑而很少用台式电脑。而他们的通信工具都是移动电话，为省钱都很少用固定电话。所以如果能提供一个既可以无线上网也能解决吃喝的地方，就能吸引很多客人。再说，这边的同性恋景致、同性恋文化所形成的特有的城市风情很吸引游人，一些当地的团体有时还办一些颇有特色的集市活动，集市里，有人装扮成类似泰国的人妖，穿戴、化妆得极其夸张艳丽，近两米的个子，一看就知道是个男人，但身材瘦削，且又是女人的装扮，可观性极强，有人装扮成小丑，穿着十分滑稽的衣裳，与游人逗乐，他们都在集市里不停地来回走动，还有人站在路边或者高高的梯子上，站在浮满气球的水池里，向游人免费派送礼物，帐篷下的小摊档摆卖着各种奇奇怪怪的小玩意，吸引了无数游人徘徊流连，热闹非凡，活动中，会有同性恋者上台表演歌舞，因此经常都有很多人到这里观光，逛累了，这里便是最好的休息之地，一边吃喝一边还可以透过临街的落地玻璃窗无忧无虑地观看在中心市区难得看到的千奇百怪的各种景象，谈笑风生地发些议论，所以，宾客满堂在这小店里就是常事了。至于那些来白坐的人，只是极个别的，坐多了，他们也不好意思，顶多坐一阵子就会离开，无伤大雅，也不损大局，但却显出经营者的气度、经营品格和人情味。再说，容许他们来白坐，也就等于同时向他们做了宣传，让他们有机会见识有这样的好地方，说不准来日他就可能回头消费或带朋友过来消遣。

→ 评 点

各取所需，是市场营运的一大特点。当你看准了市场的需求点并着实迎合了它，那么，成功就一定属于你。如前文所述，有些酒楼靠把规模做大而取得高额的利润，但这并不是说所有企业都非得如此才可以赚到钱。绝大多数的类似上述案例中的小店就很难把规模做大，因为这是局部地理环境或人文环境所决定的，一挪到其他地方就没有了这种环境，也就没有了办这类店的条件——没有了这一市场需求点。当然，如果其他地点也有近似的需求点，同样可以扩展规模办连锁。

上述案例中咖啡厅的主人是这样抓需求点的：一、由于这里的人的特殊性决定了这一带租户多，他们需要一些能提供吃喝休息又能提供上网的地方；二、由于这里居住的人的特殊性同样造成游览观光客多，他们需要游览中的小憩之地。他们把市场竞争中的战术定位选对点了。

由于同性恋聚居的这块地方面积有限，游人再多，也只是相对来说，集市活动也不可能天天举行，所以小咖啡厅、小餐馆就比较合适，规模做大了反而会带来风险，正是大有大做，小有小做，气势宏大的规模经营并不排斥小家碧玉式的取点经营，关键是咬得住市场的需求点。

13 开张宴请花得值

朋友开了一家小餐馆，虽说小，也有差不多两百个餐位，大小六个房间，装修不算豪华，但很精致，很有艺术品位，文化气息颇浓，每一个房间都有其独特的摆设和文化艺术主题，分别是：书法、国画、油画、雕塑、陶瓷、茶艺。大厅的桌椅一色藤器，墙壁上挂着的全是中国的书、画艺术作品。坐在餐厅里，细细品味着周围的艺术品，那种韵味，真是美得无以复加。餐馆菜肴的卖相也很讲究，摆在桌子上的每盘菜，都像一件精致的艺术品，令人赞叹不绝，当然，味道也很好。

餐馆开张没多久，朋友知道我从外地出差回来了，说什么也要请我到他的餐馆去，说是为我洗尘。几杯酒下肚后，他就重复着多谢我的指点，使餐馆一开张就生意红火的话题。

原来，朋友很清高，很看不惯拉关系，靠关系办事的作风，认为自己从来都是靠实力赚钱，对神灵风水之类的意识也很淡薄，因此当初筹备开张的时候不想搞开张宴请，认为此举实在没有必要，认为只要自己的餐馆

办得实实在在，慢慢就能吸引客人登门，用不着拉拢客人。但我不同意他的看法，主张还是应该安排宴请。我跟他讲了一通必须宴请的道理，告诉他哪些人是应该宴请的，慢慢把他说得动了心，终于做出了安排宴请的决策，并按照我的提示，宴请了有关的亲友，宴请了有关的政府工作人员，宴请了本餐馆的员工，宴请了餐馆的第一轮客人。令他想不到的是，事情的发展果然像我说的那样，很多被宴请的亲友，都拖朋带友做了回头客，有些还介绍了朋友过来消费，使餐馆生意十分红火。

我问他：你怎么知道他们介绍了亲友过来消费？他说，我叫服务员问的，每来一个陌生的客人。我们都打听他们是怎样知道这餐厅的信息的。很多人都说是朋友或者亲戚介绍的。我就说：从你餐厅的出品、装修的质量和品位来看，我就断定，你今后一定会做旺的，但是，可能要

花一点时间,因为这里不是商业闹市区,街上的人流并不密集,周围的住宅也并不密集,与艺术有关联的写字楼或企业基本没有,所以开张的宣传很重要,才建议你安排宴请,因为这能够大大地缩短餐馆从开张到做旺的时间。看来,我的判断没有错,你的决策也没有错。你已经迅速迈进了正常的、营业额高速上升的通道。再多花点心思在菜单的开拓创新上吧,前景、钱景无限呢!

朋友开心地笑了,又一次举起了手中的酒杯。

→ 评 点

很多人都错误地认为,开张宴请只是一种公关活动。其实这种认识是很不够的,它不但是公关的开始,也是餐馆营销活动的开始。宴请,就是营销的第一步,因此,开张搞宴请的决策是很必要的。我们不妨想得深一点,就算是公关,公关的最终目的,何尝又不是为了促进营销?餐馆面向社会面向大众,不可避免地就要有意识地改善各方面的社会关系,通过这些关系有意无意地宣传,营销的面就会更广。

宴请亲朋戚友是一种感情投资,颇有必要。大都市的人工作繁忙,平时难得一聚,宴请了他们,他们就会心存感激,感激你心中有他,同时也就知道你开了一家餐馆,而且知道了你的餐馆的出品、装修都很有品味,价钱也相宜,若日后有到外面消费的机会或他们又承担着所在单位宴请、接待的任务的时候,常常就会做个顺水人情,甚至愿意舍近求远,在同等条件下首先想到来你这个有关系的餐馆消费,还你的人情债,

为你增加营业额。他们吃得好，吃得舒心，自然会为你介绍新的客人。

宴请政府管理部门的人员是为了今后工作的顺利。与他们保持良好关系，可以使今后办事方便一点，这些人懂法律、懂政策、懂制度，有些还掌握着执法权，有他们的善意指点，可以减少一些盲目性，少走一些弯路；再说，如果餐厅办得合乎他们心意，也会激活他们的公、私消费行为。

宴请本餐馆职工，这是餐馆人性化管理的一个环节。有一位餐馆老板曾对我说："我请工人回来是给工资的，不是叫他们来义务帮忙的。我没必要讨好他们；相反，倒是因为我请了他们，他们才有了一份职业，有了一条生路，他们应该请我吃饭才对。"这种认识已经很陈旧了，不过，在当今的很多投资者的头脑中还有一定的市场，特别是文化层次相对较低的餐馆老板。其实，雇主和雇员的关系是互利的。当彼此的关系和谐，员工对老板心存感激的时候，他们就会全心全意工作，把工作当成是自己的事业去做，当厨师的，努力提高厨艺；站楼面的，为客人服务周到，努力推销菜品。而老板把员工当成是自己的手足，对众多员工为自己努力工作心存感激的话，他就会更多地关心自己的员工，从而更激发起员工的工作积极性。这就为形成一个神意相通、很有市场竞争力的团队打下了坚实的基础。恩威并施，这是亘古不变的管理之道。恩，就是对员工真心关爱，为他们提升自己创造良好的环境；威，就是要坚持用制度去对员工进行管理，而不只是用感情去维系人与人之间的关系。

还有一些"宴请"是不能忽略的，那就是今后的熟客。之所以给宴请两字打上引号，是因为这"宴请"实际上是销售上的一种优惠。比如，开张的前三天实行八折优惠或者八五折优惠，以吸引周围住客和过

路客，利用餐馆的优质菜品、服务和环境，相宜的价格打动他们，他们就可能成为将来的常客。

宴请上的菜式要有所讲究。如果是对外，就要把自己的特色菜、招牌菜显示出来，让宾客们留下深刻的印象；菜品的规格可高一些，千万不可寒酸，只有这样才能让宾客感到你的诚意，感到你对他们的尊重，认可你餐馆的档次和质量。让他们齿颊留香、心情愉快地离去十分重要，不然就会前功尽弃。

对餐馆的员工，则可相对把规格放低一些，但量要充足，最好能让大家喝点酒，把气氛搞活，令员工们尽欢，内心舒舒畅畅的，然后卖力工作。

Wu Qu Pian

三 误区篇

决策失误，可能令你满盘皆输，血本无归。

主动避开误区是明智之举。

1 捡了芝麻丢西瓜

案例发生在阿拉伯联合酋长国的开放大城市迪拜的一家中餐馆。迪拜虽身处中东，但是由于这个城市执行不同于其他中东国家的开放政策，并不硬性规定他国移民必须遵守伊斯兰的饮食习惯，因此，好多国家的餐饮业在这里相当兴旺。世界有名的中国美食在这里也占有一席之地。

一天，在一家大公司工作的美国籍高级职员保罗来到了这家中餐馆用餐，保罗曾经在中国香港工作过一段时间，特喜欢吃中国菜，形成了一些与中国人近似的饮食爱好和习惯。有一次，中国朋友带着保罗在这家餐馆吃了一款名为"嗱嗱鸡煲"的菜式，觉得十分可口，后来便独自一人来到了这家餐馆，坐下后便向服务生点它，谁知打开菜单，他却看不出来哪款菜的英文名才说的是这款菜，但由于语言的障碍，保罗说了老半天，服务生仍弄不明白他的意思，端上来的是白切鸡，保罗失望得直摇头。后来，保罗请中国籍的朋友在网上把中文菜名传过来，希望把它打印出来然后递给服务生，谁知保罗用的电脑操作系统是英文系统，

打开的电子邮件呈现出来的全是乱码。保罗没办法，但又实在忘不了那次用餐留下的美好的回忆，只好在一个休息日专程到朋友家让朋友重新手写一张纸，那张纸上写着"嘛嘛鸡煲"的字样。这次来到餐馆后他就把纸递给了服务生。服务生把纸接过去后连说"OK、OK"。保罗以为这回一定能吃上渴望已久的美味佳肴了。谁知道端上来的虽然是"嘛嘛鸡煲"，可是里面的鸡肉却全都是他最不爱吃的鸡胸肉，保罗最爱吃的鸡腿肉一块也没有。但是他清楚地记得，上次来吃的这款菜全都是鸡腿肉。保罗来气了，费了那么大的周折才弄到这张纸，以为一切问题都能迎刃而解了，谁知道这餐馆竟然把中国人都不喜欢吃的鸡胸肉都堆到我的锅里来了。这不是明摆着欺负我不是中国人吗？自己闯荡江湖那么多年从未见过哪一家餐馆敢如此欺客的！人一来气，声音就大，说话就急，服务生被数落得一头雾水。周围的食客都受到干扰。后来，还是略通英文的老板刚好回来，才弄清楚是怎么回事，他连忙赔礼道歉，重新做了一道菜，还打了个八折优惠才把事情摆平。

原来，厅面三位服务生都是同一批刚从中国大陆招聘过来的年轻人，英文水平很低，更没有受过系统的专业培训，当初招人的时候，厅面经理就已经提出，招聘对象应定位在旅游中专毕业生的水准上，这样，英文水平和专业水平都有一定的保证，但是，老板有自己的打算，认为这样定位成本太高了，而到自己的家乡招聘一些自己的乡亲成本低得多，而且自己的家乡人，可靠一点，这样做也能在乡亲父老面前赚点面子；再说厅面的工作，都是眼见的功夫，不过就是传传菜，收拾桌面这些简单的劳动，当服务生的只要能把菜饭端到桌上，不出大的差错，不把饭

菜倒到客人身上和溅到桌面上或地上就可以了，点菜嘛，菜单上有详细的中英文对照，英文也是他们国家的官方语言，很多人都懂英文，客人只要指着菜单上的菜名就可以把要求表达清楚，因而没有采纳经理的意见。到了迪拜后，由于生意急迫，只是简单地教了几句礼貌待客的英文和讲解服务生的应知应会的要求便让他们匆匆上岗了。没想到这位美国客人从菜单上并没有看明白他要的菜，而且服务生还想当然地认为美国客人就一定爱吃鸡胸肉（一般地说，西方人确实多爱吃鸡胸肉而很少吃鸡腿肉，因为他们都认为前者比后者更有利于健康。在超级市场，鸡胸肉比鸡腿肉要贵），没有受过专业培训和缺乏经验使他们忽略了人群中的特殊性，便自作主张地把原来菜式中规定的用料作了全面的改变，还自以为聪明，想客人之所想，万万没有料到他们会碰到一个例外的美国人，反而把客人惹恼了。而且，更重要的是因为这件事影响了在场的西

方人以及其他国家的食客，在他们心目中造成了餐馆欺客的印象。最糟糕的是，当时服务员还有点不服气，认为自己是出于一片好意，认为老板批评他是不分青红皂白，唠叨着这美国人怎么就与众不同，生就一副怪习惯，直把老板气得几乎背过气去。因为迪拜是一个移民城市，中国人相对美国或加拿大等国家还比较少，大部分的食客都是非华裔的客人，得罪了他们就是跟自己的钱包过不去。老板联想起最近频频出在这几个服务生身上的麻烦，不禁十分后悔当初错误的招聘定位，他自己也深深感到这决策让自己捡了芝麻而丢了西瓜。

→ 评 点

曾在互联网上看到这样一篇文章：

某日下午，李教授和他的一位朋友来到某大宾馆大堂咖啡厅，坐定之后等服务员前来点要饮料。两人对坐闲聊了一会儿，此时服务员端来一壶现磨咖啡，外加两茶盅牛奶和数块方糖，朝着李教授说："我送来了您喜欢喝的咖啡。"李教授是这里的常客，服务员几乎都很熟悉他的爱好，谁知那天是李教授的朋友作东，他从来不喜欢喝现磨咖啡，而习惯雀巢速溶咖啡加伴侣。

李教授的朋友面露愠色地对服务员说："今天是我请李教授来此叙谈休息一下，你怎么如此不懂得待客的道理，竟自作主张要我们喝什么就喝什么?!"服务员不肯认错，对李教授的朋友说："我了解李教授平素喜欢喝现磨咖啡，我料想您不会是忌喝咖啡的客人。"

　　李教授听服务员这样讲，觉得对他的朋友有失尊重，于是批评这位
服务员道："你不应当没有弄清主客之前就主观地下结论，即或今天我
是主人，你也应当请问客人需要什么饮料！"李教授的朋友接着讲："我
恰好是向来不喝现磨咖啡，而是喝惯了雀巢速溶咖啡加伴侣的人。"服
务员讨好不成，反而遭到没趣，准备继续争论下去。这时大堂副经理闻
声而来，弄清情况后要服务员赔了不是，并答应现磨咖啡按一杯计价，
另外补送一杯雀巢咖啡加伴侣给李教授的朋友才算了结此事。

　　这篇文章中的服务员和上述案例中的服务员的思维方式和服务方式
何其相似乃尔！结果也都一样，把客人给得罪了。这看似是好心办坏事！
但实际上犯的都是违反了服务规程的错误。明确客人的需求是做好服务
工作的第一要旨，这在规范的餐厅服务员专业培训中是最基本的课程。
因为规范的服务是任何一家大小餐厅都必须具备的软件，没有规范的服
务就不可能有可观的顾客满意度，连客人的需求都不能准确把握，又怎

能提供灵活多样的个性化服务呢。

在现代社会中，个性的张扬越来越普遍，因此，个性化服务也就显得越来越重要。因而个性化服务技能也就成了最基本的服务技能之一。此服务到家的话，是很能感动客人的。但如果缺乏此服务，也很容易把客人惹恼，就像上述的两个例子一样。迪拜中餐馆的服务员在为那位美国客人服务的时候如果能够有个性化服务的意识，就不会因为很多西方人都喜欢吃鸡胸肉而不喜爱吃鸡腿肉，而错误地判断该美国人也是如此了。而上文所述服务员如果有个性化服务的意识，就不会因为李教授喜欢喝现磨咖啡而错误地判断他的朋友也有同样的爱好了。

没有一流的员工，就不会有一流的服务；没有令人满意的员工，就不会有客人的满意。员工是餐馆最具决定意义的资源。培训出具备丰富的专业知识，技能娴熟和具备热忱工作态度的员工队伍是餐馆经营最根本的工作。

可见，在招聘新员工的时候，在是否需要对新员工作规范的上岗培训的决策中，切不可有贪便宜图快捷而放弃最基本的培训程序的心理，不然就会得不偿失。

2 同步装修吃大亏

南方某大都市有一家大型的连锁粥店，规模相当大，连锁店已经开到了国外去。可就是这样一家大型的有一定知名度的餐饮连锁企业，由于在拓展连锁企业时决策失误，漠视法规作同步装修，结果吃了大亏。不但装修费全泡了汤，而且还耽搁了开业的时间。

一直以来，这家企业拓展连锁店的时候，依仗着其财雄势大，知名度高，从来不会按法规程序先报建才动工装修，即使有什么问题也能通过疏通关系，花点钱打通关节把事情摆平。这种畸形的、很不正常的拓展企业的渠道在他们看来已经成了正常的程序，成为了他们在发展中诸项决策的支撑点，形成了一种思维定式和行动习惯，使他们在研究一切定位的时候完全忽略了正常程序的必要性。觉得这已经是不需多加考虑的小问题。

这次，他们又如以往，选择了一块理想的地方后马上就动手设计装修图纸，然后动工装修，领导层决意要赶在国庆节之前开张迎客。当时，

餐馆赢在决策
Canguan Ying Zai Juece

新聘请的总经理不了解他们的运作习惯，认为如此大面积的装修，为什么不先拿到消防管理部门去批准后再动工，但是他的意见没有被采纳。他还被指定要按照董事会的决策监督装修工程的进度，同时招聘员工并加以培训。总经理只好表示：如果董事会坚持原来的决策的话以后出现问题他不负任何责任。董事长笑着说：能出什么问题？以前还不都是这样做的！放心干吧，什么问题都不会出的。总经理看董事长语气如此轻松，很有把握似的，便再也没有提出任何意见。

餐馆很快就进行了装修。装修了一段时间后才把图纸递送到有关部门去审批，而经过一个多月的紧锣密鼓的装修后，审批结果才下来，多处地方被要求改动，但是工程已经很难再作改动，要改动的话费时费力劳民伤财。董事会没有理会这批复，督促总经理继续按照原计划赶工程进度。结果，事情的发展大出他们的预料，惯例被打破了，装修竣工后，

他们被强硬勒令不准开业，除非已经切切实实地按照批复将该改动的地方全部改动。餐馆不遗余力地派人疏通关系和通过一些熟人去做工作，但是都无济于事，因为，消防管理部门的有关主要领导已经换了班子。该市的餐饮业又正好出现了一些消防事故，消防部门被要求要对全市所有餐馆的防火防爆工作做一次全面的检查，餐馆消防工作抓得很紧，他们反复对该餐馆强调，由于餐馆设在住宅区，该处居民人口密度很大，流动密度也很大，消防管理关系着千千万万附近居民以及频繁进出的无数食客的生命财产安全，是绝对不能掉以轻心的，这是大的原则问题。这次，餐馆骑虎难下，进退维谷，用某位董事的话说就是在阴沟里翻船了。顶风开业，那是明显的违法，被罚款被取缔都将是难免的。但是，要改动的话几乎是整个工程推倒重来，而且，在业界十分丢面子，然而，单个的企业行为根本无力与政府管理部门抗衡，法规是刀子，是不能碰的。餐馆反复折腾了好长时间都没办法，最后只能是老老实实地按照原来的批复意见一项一项地落实，毫无转圜的余地。四十多万元的装修工程款以及宝贵的时间都随着改动时废弃的装修垃圾永远地消失了，真个是赔了夫人又折兵。

→ 评　点

在习惯成了自然的时候，人们的警惕性常常会淡薄，什么决策、定位的风险都会抛诸脑后。餐馆是市场中的一个元素，它的运作并不能超脱于市场的运作规律，它在创建、营运的所有过程中的一切定位、决策

也必须遵守市场的运作规律，必须以法规、政策为根基，无视法规和政策的决策和定位无异于赌场上的下注，虽然有可能侥幸过关，但却同样有可能承受极大的风险，"阴沟里翻船的现象"并不少见。

退一步说，就算上述餐馆在消防检查上侥幸过关如期开业，也同样要承担风险。因为消防管理的条文不是阻碍餐馆发展的，而是为保障餐馆的安全生产和合法经营，保障千万消费者的生命财产安全，维持社会稳定而制定的。切实遵守这些制度，对餐馆、对消费者，对社会都只会有百利而无一害。如果真的在日后因为装修违反规定而产生事故，首先受损失的，受损失最大的也必然是餐馆。因为餐馆要对事故的发生承担全部的责任，财产损失、员工受伤害的赔偿、消费者受伤害的赔偿、经营受影响、受法律的惩罚等，会无情地把投资者辛辛苦苦积累下来的创业成果毁于一旦。所以，餐馆的决策者们不要盲目地进入一个认识上的误区，习惯性地错误地把自身的利益和政策法规对立起来，认为法规都

是制约自身发展的而本能地漠视或抵制；而必须在任何的决策和定位的过程中，都保持守法的意识，自觉地把决策放在法规和政策的框框中，谨慎地衡量其可行性和合法性，千万不要依仗财力、关系和知名度而忘乎所以，目空一切，以免到头来碰到刀刃上，弄得浑身伤痕，还捞个"竹篮子打水一场空"。也就是说，除了装修，其他的如卫生防疫、排污处理、劳动保护等方面，都要自觉地接受政府管理，依法定位和决策。

3 亏本皆因口味异

　　张先生是广州人，因为生意上的原因经常来往于广州与哈尔滨之间。有一次，一位哈尔滨的客户知道张先生非常爱吃粤菜中的红烧乳鸽，特意带他到哈尔滨市一家比较有名的粤菜馆吃饭，还为他要了餐馆声称的正宗的广州红烧乳鸽。因为这款菜很好销，十分受消费者的欢迎。张先生满怀兴致准备尝尝在异乡吃这道家乡菜的滋味，谁知一进口，兴致顿消。完全不是那么回事，咸味几乎把嘴里的所有味觉全部封住了，再加上浓烈的作料香味，已经完全尝不出粤菜制法中那种特有的嫩鸽肉的鲜味。于是，张先生便与店主聊起来，直说这不是正宗的粤菜口味。店主也是广州人，也是羊城餐饮界的资深人士，听了张先生的评价，笑了笑，然后慢条斯理地说：你说的都非常对，我也知道这根本不是正宗的粤菜口味，我们标榜它正宗，完全是一种宣传的需要，因为粤菜的名声很好，借用而已！但是你看看，我们这道菜的销量很好，哈尔滨人很喜欢吃这道菜，几乎每一张桌子上都摆着。这是他们下酒的一道好菜，所以，它

实实在在地带旺了我们餐馆的生意。

原来，店主初到哈尔滨市的时候，希望借着"吃在广州"的美名在哈尔滨市开辟一片新的天地。因此，他是带着广州的厨师来的，试图以正宗的粤菜迷倒哈尔滨的食客，谁知餐馆开张以后，经营状况令张先生以及他的合伙人大跌眼镜，几乎是天天亏损。张先生坐不住了，诚恳地向客人们征询起意见来。客人们反映说，你们的菜普遍味道太淡了，不够浓，你们的招牌菜红烧乳鸽也一样，而且烤的火候也不够，吃着不过瘾，尤其下不了酒。张先生才如梦初醒，知道自己在作菜单定位的时候决策错误了，没有依哈尔滨市的餐饮消费者的口味习惯定位，而是一相情愿地参照广东人的口味习惯来定位。那当然不会受到当地客人的欢迎了。于是，马上在亲自出马的同时，发动厨师和总经理到各人气兴旺的餐馆去试菜，反复体会哈尔滨市人喜欢的口味，然后根据这种喜好，对所有菜式的烹制方法作了大规模的调整，使生产出来的菜肴既有粤菜的形态和风味，又有当地人喜欢的口味，以适应当地市场的需要。这一招果然灵，餐馆在短期内就扭亏为盈，而且生意越做越旺，简直就可以用"客似云来"来形容。

无独有偶，今年，笔者在加拿大的多伦多市居住了一段时间，也遇到了一桩类似的事情。那天，笔者在一个非中国人聚居的地域看到了一家标明是川菜的中餐馆，很高兴，以为这回可以尝尝地道的中国菜了。迈步进去，刚坐下，才发觉满座皆"非我类族"，全是白皮肤蓝眼睛的洋人，笔者感到很奇怪，忙问店员：怎么这里就没有中国人来进餐。

店员说：这不是中国人集中居住的地方。

笔者又问：那你们干嘛还在这里开中国餐馆？

店员说：洋人也有爱吃中国菜的呀！

笔者说：那好！给我来个水煮鱼，看看是不是正宗的！想不到店员竟然说：对不起！我们店没有这道菜。

笔者感到万分惊奇，忙说，你们不是川菜餐馆吗？怎么就这道典型的川菜也没有？

正说着，老板，也就是这餐馆的大厨师刚好从外面走进来，我一看，呵呵！原来是多年前的一位朋友，于是，我们便聊了起来。朋友说：你到我这里来吃地道的中国菜是找错地方了。

我一愣："你办的难道不是中国餐馆？"

朋友说：我们的中国菜是根据当地人的口味改造过的，附近的洋人都很爱吃，并已经认定中国菜就是这样的。当初，因为这里没有多少中国人居住，根本没有中国餐馆，大概是中国人都怕冒风险，不敢贸然到这边发展餐饮业，但我们觉得这里就我们独此一家，没有人跟我们竞争反而是好事，因为这里毕竟也有西方人的餐馆。我们办起了中国餐馆，希望以中国饮食文化的博大精深和中国菜的美味去打动洋人。于是，所有的菜谱都按照在国内的样子去定位，就好像把在中国的厨房搬到多伦多一样。可是，西方人不爱吃，生意很是清淡，亏了几个月，后来，我们到西方人的餐厅去体会它们的菜品，慢慢才明白了完全按照中国人的口味调制菜肴不行，一定要迁就西方人的口味习惯，并按照这种习惯，结合中菜的优点，创制出一种全新的特别形式的中国菜。于是，我们对菜谱重新作了定位，你看现在的炸鸡翼、甜酸炸鸡、中国烧鸡、串烧牛肉、串烧羊排、烤排骨、炸红薯、炸菜花等都是根据这样的定位创制出

来的。结果都很受欢迎，住得近的，都过来常吃，住得远的，或者在天气冷的时候，就打电话来叫外卖。有些叫外卖的，他们的家离餐馆有四五公里远，生意很不错！

但是，我们员工却绝对不吃这些东西，我们的两餐，都是吃我们自己做的中国菜。

→ 评　点

因地制宜这句话是很普通，很常用的成语，人们往往不去注意它包含着的哲理。但是，如果我们把它应用到餐饮业的定位和决策中却十分适合。"各处乡村各处例"，每一个地方都会有当地的一些固定的饮食习惯和口味习惯，就像四川人爱吃麻辣的，食物中没有麻辣就觉得一点味道也没有一样。笔者曾经招待过很多外国朋友，也接受过很多外国友人的招待，从中深深感到，就一般人而言，这种习惯是根深蒂固，很难动摇的。

有一次，我在家招待一对英国夫妇和一对摩洛哥夫妇，妻子做了几款自认为是美味无比，而且曾经得到过很多广东朋友称赞的粤菜，满以为会使他们食指大动，谁知事实大出我们之所料，客人们都只是象征性地蜻蜓点水似的把各款菜尝了一下，尤其是那款卤水排骨鸡腿，剩下大半。使我们大惑不解。后来，到了那对英国夫妇回请的时候，我们才大致明白了其中的道理。

那天，我们来到了他们的家，桌面上已经摆满了制作极其精致的银光灿灿的餐具，每款菜都盖上了盖子。在亮堂堂的灯光照耀下，十分吸

引人。饥肠辘辘的我不断地想象着盖子下面的是些什么异国美味佳肴，唾液老在嘴里滚动着。

　　好不容易才等到最后一道菜上桌，盖子终于逐一打开。第一道菜，白灼耶菜花，也就是把耶菜花放到白开水中烫熟的一道菜，我正纳闷，这没油没盐淡而无味的东西怎么吃？主人把一个大托盘端到我们面前，托盘上放着许多小碟，碟子上都是一些我们叫不出名字的调味酱。意思是要我们把耶菜花蘸着这些酱料来吃。虽然主人说这些酱料怎么好，怎么名贵，耶菜花又是多么有利健康的食品，但是我的感觉依然是索然无味。接着，主人又揭开了第二个盖子，我清楚地看到，那是白灼鲜蘑菇，紧接着，又揭开了第三个盖子，那是白灼鸡胸肉……主人和在座的另两

位英国朋友吃的津津有味。我们几个广东人只是为了填饱肚子勉强囫囵吞枣似的把这些食物吞到胃里去。在回家的路上，我们在车里对英国朋友的这顿招待足足笑了二十分钟。这就是口味习惯所形成的差异，如果我们在异地开餐馆不注意这一差异，那么就一定很难抓住市场的需求点，经营就很容易走向失败。

在异地开餐馆，除了必须注意口味上的差异以外，还必须注意每一个地方的人们的习惯性格。比如，有朋友曾经到南京开一个中档餐馆，结果生意奇差。后来在当地朋友指点下才明白了其中的原因。原来，那一带的人们都很讲究面子，带亲戚、朋友出外吃饭都要上稍高档的餐馆，而自己一家子出去或者独自出去用餐的时候就会到那些便宜的小餐馆去，所以两头生意都好，唯独是中档的，两头不靠，所以就难免落败了。

4 规模做大需谨慎

　　早几年，广东有一家规模颇大的川菜馆，其主店是四川著名的川菜品牌店。其气势之宏大，令人咋舌，互联网上有网友赞之曰："以4000平方米的'肚量'镇住广州其他川菜馆"；"这餐馆最舒服的是环境，宽敞的大厅，座位之间的空间加多几张桌子都没有问题，这在寸金尺土的广东可是件稀罕事。房间也特别宽敞舒适，装修和布置各有特色……服务生清一色的行政套装，干净利落，让人眼前一亮。""不仅如此，墙面还悬挂着大幅四川民居的照片，内堂的摆设也是按照巴蜀四合院的格局来设计的。都说吃重庆的川菜味道、品成都的川菜文化，在这里，无论在哪个角落用餐，你都能感受到蜀国文化的源远流长。"因此，"虽然吃的是'时尚新派川菜'，然而店内营造的巴蜀文化亦可圈可点……；其他细节处亦是匠心独运，吃着吃着就又发现另一处名堂了。"溢美之言多得不胜枚举。

　　笔者也曾到过该酒楼，细看过其富丽堂皇、精致灵巧和大气派的装

修，品尝过那里蛮不错的川菜和粤菜的出品，欣赏过酒楼特邀的四川著名的变脸演员一天三趟的席间精彩表演。总的感觉还是挺不错的，认为网友的评价"环境优美、味道鲜美、价钱适中"的评价还是很中肯的。特别是酒楼的招牌菜式水煮鱼、葱油腰花、香辣佛手螺、秘制蹄花、五香酱鸽、乡村坛子、开门红等十分地道和正宗，而且有些招牌菜口味也很适合广东的食客。比如葱油腰花，完全清除了很多餐馆都很难根除的尿骚味，猪腰和葱花，加上辣椒，红、褐、绿三色相间，很有观赏价值，且葱香味美，诱惑力十足，如果希望味道重一点，可与铺在上面的辣椒与葱花拌一拌，香、辣俱全，价格适中；又如香辣佛手螺，选用上等佛手螺，香辣味浓，而且汁很多，螺肉吸收了汁的味道，口感极好，价格也适中。再如五香酱鸽，不辣，"有点像北方过年卤味，很香。""那开门红真的是菜如其名，一上台，眼前就红彤彤的一片了。大片的灯笼海辣椒盖着的是用泡椒蒸出来的花鲢鱼头，连汤水都是红艳艳的，辣度有五粒星，吃的时候真担心嘴巴里会冒火。但是过瘾极了。"（网友评语）

酒楼的主要负责人是一位年轻人，有魄力，有思想，肯学习，敢想敢干，他曾对笔者说过，他在广东办这样的酒楼，就是要让巴蜀饮食文化在广东大放光彩，要让我们总店的品牌在广东生根发芽，也让四川特色名小吃在这里发扬光大。因此，酒楼除了很注重文化品牌包装，出品成都最前卫的川菜之外，还特别制作了一系列的名小吃套餐，让客人可以把各种式样都尝一尝。

为了适应周围写字楼的白领，酒楼专门为中午休息时间较少的顾客推出价格适中的工作套餐，茶免费、送米饭、每人一盅例汤，42 道荤菜与 20 道素菜随意搭配。

　　总经理也是四川餐饮界的职业经理人。酒楼里的好几个中层骨干都是四川餐饮行业的精英人物。按理说，有这样的人才阵容，有这样的经营思想和精美菜品，酒楼应该是高唱着"步步高"，从胜利走向更大的胜利了，但出人预料的是，事实却并非如此。

　　酒楼刚开张的时候，人气鼎盛，两个多月的时间里，天天爆满，如果不是提前预订，就很难订到房间。随着生意的旺盛，酒楼逐渐取消了开张时的各项优惠。令人意外的是，随着时间的流逝，上来消费的人慢慢减少，房间大量空置，大厅人最少的时候上坐率不到三分之一，诺大的酒楼一天的营业额才几千块钱。酒楼每天都要亏几千块钱。在万般无奈的情况下，酒楼只好把大厅隔断，把部分房间关闭，即使这样，上座

率仍然日渐减少，迫不得已，又关闭了大厅中的火锅部分，并增加了粤菜的品种。最后，无计可施，只好请社会上的一些餐饮管理顾问公司诊断，根据管理顾问公司的意见，把经营面积再次压缩，只剩下原来的一半了，但是经营状况还是不能改观，于是，下一步就是对酒楼的装修作了一定幅度的改变，建起海鲜池，把海鲜池包给一些海鲜经销商，同时加大粤菜的经营比例，还增加了广东式的茶市。这样一来，经营有了一定的改善，营业额有了大幅度的提高，但是因为加大了投入，费用也随之提高，餐馆虽然能大幅减少亏损，但是还不能扭亏为盈，而且由于请了顾问公司，对酒楼进行了改造，流动资金也大幅度减少，资金周转受到严重影响，以致终于无以为继，不得不转让给广东一家著名的大型餐饮企业。

耐人寻味的是，转让后，这家酒楼就又人声鼎沸了。

→ 评　点

有声有色的良好规模效应是很多餐饮投资者追求的局面。规模做大了，很多时候利润就会超正比例地提升，令同行们羡慕得无以复加。但这不是绝对的，规模能否做大，要讲究条件。否则，不该大的时候把规模勉强做大，那可是致命的，就像上述案例中的川菜酒楼那样。

笔者注意到，就在该酒楼的前面，还有一家川菜馆，无论装修、档次、格调都比不上它，但是，这家餐馆却每天都保持80%～90%的上座率，生意稳稳当当的，为什么呢？因为人家规模小，所做的川菜也很地

道，又占了地利，两百个左右的餐位很快就能打发出去。

据笔者的了解，最近几年，湘菜在广东市场表演得颇出色，湘菜馆几乎是开一家旺一家，往往使一些粗心的人误以为川菜和湘菜都是辣的，因此，既然湘菜那么吃香，想必川菜也差不多，而不对市场做深入的调查就贸然行事。事实上，在广东地区的一些川菜馆，都是热闹闹地开张，而静悄悄地黯然从市场淡出，即使勉强站稳的，也是一般而已，比湘菜馆逊色得多了。这里有一个地域饮食习惯的问题和外来人口比例问题以及这些人口在社会中的职业问题等在暗中起作用，所以，在为餐厅规模定位的时候，就不能不充分考虑市场的需要。

上述案例中的 4000 多平方米的川菜馆之所以会从广东市场悄然隐没，除了它自身的一些管理以及费用没有控制好等问题外，最重要的就是它的规模过大了。这一点，其实已经有网友在评论中指出："开的是川菜，实际上粤菜也做得不错，只是场地有点过大了，显得有点冷清。"后来，酒楼的主要负责人在跟笔者谈到教训的时候也感慨地说：如果不是把架子拉得太大也不至于有今天了！

该酒楼所处的位置，并不是四川人聚居之地，而且酒楼门口凹进内街，街口已经有一家两百餐位左右的川菜馆拦截着客人，在其后面开一家如此高档，面积如此大的川菜酒楼，便担着高风险。他们后期虽然把场地一步一步缩小，但是由于空调系统是整座大楼掌握的，装修的时候根本就没有考虑到日后可能出现的问题，尽管大厅的两个部分已经关闭，但是空调器还是如常地哗啦啦地喷着冷气，电费照交，租金一分不少，所有用钱叠装起来的豪华装修以及用钱购置回来的高档家具，都在那里

闲着不用，变脸节目一天两趟的表演还得靠费用撑着，一些高级管理人员、技术人员还必须靠高薪养着……

可见，当规模起正效应的时候，利润将会以几何级速度增长，但当它起负效应的时候，亏损也会以几何级的速度增加。要避免进入盲目追求规模的误区，就必须学会观察市场、调查市场、研究市场。

如果刚刚到达一个新的地方，对一个市场还没有充分把握的时候，千万不要贸然就从大做起，必须踏踏实实地从小做起，积累经验，在实践中深切感受到市场确有这个需要的时候再顺应市场稳步发展。

5 切莫急病乱投医

在中国内地的一座大城市，有一家中型海鲜餐馆，生意一直很平淡，老板看着不远处的一家粤菜海鲜餐馆，门庭若市，热闹非常，心中十分不平静。他想，人家也是经营海鲜，既然他们能做得如此红火，为什么我们就不行呢？我们何不改一改，也按照他们的样子干，说不定也能搞旺人气。说干就干，两位合伙人当即商量作出决策：雇请广东的专业顾问公司来承担这项工作，于是很快地通过传媒找到了广东一家餐饮业管理顾问公司，表达了自己的愿望。管理公司派了一位副总经理和一位姓柳的项目经理来商谈、考察，副总经理觉得这家餐馆的设施、装修以及人力方面等都缺乏改变经营的条件，于是对餐厅老板说，如果把你原来的菜品定位作改动，厨房就要做比较大的改动，但你现在的厨房面积和所处的位置都不好改动，所以投入会比较大，你要充分考虑资金才好决策。副总经理对项目经理说，两地饮食文化差异大，距离又远，目前公司的技术骨干已经被分派出去了，如果要经营粤菜的海鲜，其出品部的

人员可能还要做比较大的变动，恐怕要带一伙人上去才行，况且我感觉到这家餐馆的资金并不充裕，把这项目接下来会吃力不讨好，顾问费恐怕也不好收，风险比较大。他主张不要接这项目。但是项目经理却不这么认为，他感到不管怎样，这都是一项生意，是能挣钱的，放弃的话太可惜了，任何项目都会存在风险，问题是如何把风险压到最低，力争把项目接下来。不过，副总经理始终没有同意。

过了几天，餐馆老板又打电话过来询问顾问公司是否愿意接这项目，他是打到柳经理的手机上，柳经理一口应允了餐馆的要求，并说公司已经讨论过这一项目，指定由他全权负责，以后这项工程的一切事项只需找他联系就可以了，还报了价，对方也没有多侃价，只是叫管理公司尽快过来。然而，柳经理并没有跟公司汇报这事，他趁着周六、周日休息，又跟公司请了下一周的周一、周二两天假，当天晚上就与自己在社会上认识的一位当厨师的朋友乘飞机赶到目的地。他谎称自己接电话的时候不在公司，周五晚上所有员工都放假了，不能办手续把合同公章拿出来，第二天又是周末，不上班，为了不耽搁餐厅的定位改动的计划，争取时间，所以就与公司的一位粤菜师傅先过来，以后的具体工作就由这位厨师负责，至于合同的签订，可以以后补办手续。对方看柳经理一副急客户之所急的热心样子，想起他以前是与公司的副总一起来的，也就没有起疑心，为他们报销了飞机票款，让柳经理打了个收条，就支付了第一期工程费两万元。他万万没想到，柳经理是背着公司但却以公司的名义来干的。

这柳经理原来只是在该顾问公司挂职的技术人员，公司有项目而自

己又忙不过来的时候就请他过来一起参与工作，柳经理从中收取一定的
提成，平时公司没有活让他干的时候他可以相对自由地干自己的活。柳
经理想，既然你公司不愿意干，那我来干又何妨呢？这些工程，简直就
是小儿科，找几个朋友把它拿下来，自己既可以拿到更多的提成，又可
以抽出身来回公司接别的项目，还可以关照一下朋友。只要把工程完成
了，对方满意，也就不会计较谁来干这事情了。但是，这回柳经理却打
错了算盘，他也万万没有想到，他请来的这位朋友并没有领他的情，反
而对他索要过高的工程介绍费和对他向自己聘请回来准备到餐馆任职的
所有人员索要过高的介绍费很有意见，心情十分不愉快，因此在工作中
不断地产生摩擦以致发生争吵。当柳经理因顾问公司有别的任务离开了
餐馆后，他带去的厨师就与餐馆的老板因为彼此理念不同，对菜系的认
识的差异以及很多具体事项的看法不同而不断地产生矛盾，发生争吵，

一气之下竟不顾一切一走了之，剩下半拉子没有完成的工程，而原来的厨房工作人员又都因为新来的人员的入职而先后离去，新来的人员却又成了一群无头苍蝇不知怎么干。直把餐馆的老板气得七窍生烟，连下两道公函找顾问公司说理，扬言要与顾问公司打官司。此时顾问公司的副总才知道发生了这样的事情。但是，因为双方根本没有签订合同，顾问公司拒绝承担责任，反而责怪餐馆缺乏职业道德，想绕开公司以图节省费用，出问题了又要找顾问公司。餐馆只好哑巴吃黄连，有苦自己吃了。钱出去了，经营没有上去反而受到很大的损失。

→ 评 点

上述案例中的餐馆错在什么地方呢？想改变经营方向，这不能说错，因为问题还没有到解决不了的程度，不知道结果会怎样。决定请顾问公司决策看来也不错，因为既然自己没有这个技术和能力，请专业顾问公司来助一臂之力，这也不失为一种有效途径。错就错在餐馆轻信了柳经理的三寸不烂之舌，没有依照合法的工作程序来作出决策。

眼下，很多餐馆的投资者都不是专业的餐饮界人士，餐饮业竞争激烈，餐馆在投资、筹备、经营管理中出现很多问题，许多餐饮的管理顾问公司便应运而生，其中良莠混杂，虽不乏优秀的管理公司，但也有些是滥竽充数，害人不浅的。上述案例中的管理顾问公司，虽不能说其属于后者，但在相关人员素质上和管理上肯定存在问题。因此，餐馆在碰到专业上的问题不得不依靠顾问公司的时候就要懂得识别这些公司的优

劣，懂得识别具体工作人员能力的高低，免得"赔了夫人又折兵"。

如何识别这些顾问公司，如何识别其具体工作的技术人员，这是一个很关键的问题。

首先，要看他们有没有餐饮管理专业顾问、咨询的资格，没有资格，没有管理部门核发的资格证书，一切免谈。有了资格的话，要考察其专业技术水平，那就是查询其工作业绩，询问、调查接受过其服务的餐饮企业有哪些？有条件的话直接到这些企业去调查了解一下，确认其所述无误，并从中了解你所需要的服务，是否是该公司的业务所长，如非其业务所长，最好另请高明。不妨多找几家公司，从中选择水平高、有实力的公司。尽量不要跨省物色顾问公司，因为很难从业界了解这些公司的实力，而且，因为路途远，支付工程技术人员的交通费也是一项比较大的费用，会增加工程的成本，万一发生矛盾，合作出现问题而不得已

对簿公堂的，也要山长水远地跑到对方所在地的法院去起诉，费时费钱，还容易受到地方保护主义的干扰。

其次，要确认其派出的人员的专业资格，考查其与公司之间的关系。要认真分析其对你所提出的业务需求的看法、意见，从中鉴别其是否内行，是否有见地，暗中衡量其专业技术水平和责任心。

在支付工程款之前一定要依法签订合同，合同必须明确表达工程所达到的标准和完成的时间，明确表达顾问公司应担负的责任以及违约责任。工程款必须分段支付，最少不能低于三期，第一期支付的金额不能多于全部工程款的1/3，最后一期必须在按照合同确认验收合格后方可支付，而且必须支付到对方公司的账户或以支票的形式交付对方财务人员，不可以现金支付给任何个人，不管他是对方公司的什么人，付款的同时必须索取加盖对方公章的正式的服务发票而不能以收据替代。

餐厅对顾问公司的工程进度应该派专人作全程的跟进，严格按照合同的规定监督工程的质量和进度，发现问题随时提出，及时解决。

6 洋人为何不来了

　　加拿大的温哥华市，餐馆众多，有"食在温哥华"的美称。其中有一家开业经营中餐才几个月，大概两百个餐位的小餐厅，这里的菜品堪称一流，有适合国人口味的，也有经过一些改变，洋人也爱的中式菜点。开张初期，很多洋人都来光顾，但是，过了一段时间以后，洋人来得渐渐少了，虽然要求送餐的洋人也还不少，但是营业额却是远远比不上以前了。

　　老板百思不得其解，但是他发现有些以前来过餐馆吃的洋人却频频叫外卖，便吩咐送餐的员工咨询买主为何不到店来用餐了？老板做梦也没有想到问题竟然会出在洗手间。有一位洋人甚至直言不讳说：你们餐馆的菜品确实不错，味道很适合我们的口味，我们都很爱吃所以还经常叫外卖，但是你们餐馆的洗手间教人有点受不了！我站在那里小便，两腿竟然会自然地分开，哈哈！你说那地板有多滑！洗手间门上的把手，黏黏糊糊的，每次方便完把手洗干净后，还要用手握住把手将门推开，

手又被弄脏了，多不卫生呀！令人心里好不舒服。再说，这地上老是湿的，特别是小便池兜的下面，永远是一摊水，那肯定是尿，为了避免踩到，只好把两腿分开一点，但是稍微分开多一点，两腿就会自动地继续向两边滑动，多别扭呀！再说，洗手间那股味道总让人难以忍受。马桶旁边的手纸箱敞开着，既不雅观也散发臭气，为什么就不能加几个盖子呢？而且，洗手间也太窄小了，你们不妨参观一下其他餐馆的洗手间……

老板听了甚为震动，懊悔不已，原来，当初装修的时候，太太就已经提醒他，你既然把定位放在既考虑中国人也考虑洋人上，就要把洗手间也弄好一点，但是他没有听进去。现在，他十分后悔当初筹备餐馆的时候，只是把定位的重点放在了菜品及其价格上，而装修定位的重点只放在厅房的布置上，没有把洗手间放到很重要的位置上。因此，随意地

187

就按照装修师傅的意思，把洗手间的装修，弄成跟其他华人餐馆差不多。万万没有料到，在客人中会有这样的反应。但事到如今，要对洗手间作大动筋骨的改动已经不可能，只好尽可能地做改良。

他决定在现有基础上作最大的改良。在男洗手间的磁兜里放一点冰，控制味道的挥发和扩散，地板垫上方格塑料台板，马桶旁边的垃圾箱换上有盖子的，加大对洗手间清洁的程度，最重要的就是男厕所的小便池下方一定不能有尿迹。另外，把供客人擦手后弃置纸巾的垃圾桶放到门旁，让客人可以方便地用纸巾垫着门把将门推开，然后把纸巾扔进垃圾桶，另外，定时在洗手间喷洒香水，让洗手间给人以舒服的感觉。在做好了这些工作后，就又让送餐员反复对客人做宣传。说也奇怪，慢慢地，洋人的客人渐渐又多起来了。华人客人也不断增多，现在，门口站着七八个人排队等位置已经是司空见惯的事情了。原来发表评论的那位洋人说：想不到你们真的能改，而且改得那么快，现在比以前好多了，起码不会使人恶心啦！

→ 评　点

餐馆经营的诀窍真是很玄妙，叫人有时很是惊愕！一个洗手间竟然也会如此强烈地影响到客人的消费心理，影响到营业额，影响到客流，好像有点令人难以置信，然而这却是真的。笔者到过一些国家，亲眼目睹过那些国家的洗手间是什么样子，也亲身感受过华人餐馆里洗手间的尴尬，案例中洋人所描绘的那种情景，笔者都亲身经历过，真实的情况

只能是有过之而无不及。总之，那种感觉就是不到万不得已，就不进那些餐馆的洗手间，进去了，也要尽快行事，速速离开。

但是，很多洋人的餐馆或者大型超市的洗手间却令人大开眼界，首先是宽阔，丝毫不吝惜地方，进洗手间大多都要经过一道较长的走廊，然后才到达洗手间的门口。有些还在走廊的进口处设置一些桌椅供休息或等待，门口一般不设大门，而是用拐弯来遮挡视线，这样就避免了用洗干净的手去拉门把的尴尬。洗手间从里到外的地板都是保持干净和干燥的，绝对不会有水迹和污迹，因此不会有滑倒的可能，也不会有异味散发出来。男洗手间的尿兜几乎是自动冲厕的，而女洗手间的马桶也大多是自动冲厕的。再讲究一点的就是马桶上面的垫板上还有自动转动的垫纸，只要一冲水，垫纸就会自动把用过的那部分移走，把新的垫纸转

出来。洗手间内还有残疾人的专用厕，特别宽大，其他人都很自觉，就是急得扭腿弯腰，也不敢占用。女洗手间很多都为带孩子的妈妈准备了宽敞的换尿布和喂奶的地方，非常人性化。

在国内，我们当然不可能要求一般的餐馆也有上述的种种设施，就是在未来的十年八年中也无法去追及国外这些先进水平。但是，洗手间现象所反映出的国人的文化观念，却是我们应该有意识加以改变的。社会在进步，人们对文明的追求也在同步提高，餐馆如果不跟上这个步伐，也会被市场淘汰，这是必然的。笔者曾经与广州新荔枝湾酒楼的执行总监梁国豪先生探讨过这个问题，他非常重视餐馆洗手间的装修、管理的每一个细节，认为这是影响客人消费心理的很重要的因素。在国内，因为洗手间影响到经营甚至断送了餐馆前程的个案却并不鲜见。

在广州珠海特区闹市区曾经有一家装修挺有品位的中型餐厅，以竹子及竹制品构筑起一个竹的世界，所有的桌椅、间隔、摆设都是竹制品。使人很自然地就想起"食可无肉，居不可无竹"的诗意。餐馆出品的品种颇多，尤其是各种小吃挺吸引人的，价格中档。但令人百思不得其解的是，洗手间却一点品位也没有。洗手间被异味笼罩，地板没有一刻是干的，而且还滑腻得很，就像谁在那里洒了油。迫不得已进去一趟，恨不得马上就跑出来，但是，和出品部共用的极其湿滑而又长长的走道却容不得你跑，客人只能两眼紧盯地板，小心翼翼地，一步一步走出这恐怖地带。笔者和友人去过那洗手间后，尽管那里的出品很好，厅房装修很雅致，但都不想再旧地重游了。后来，听说那危险地带先后滑倒过两个人，餐馆赔偿了一大笔钱，传媒都予以报道了。餐馆虽然知道洗手间

的负面影响大，但是要在建筑、装修结构上作改动已经不可能，只好忍痛停业。

我们要注意的是，问题出在洗手间，但是客人如果从洗手间的卫生引申想象，就会由此产生"晕轮效应"，认为餐厅的其他方面的卫生也好不到哪里去，从而影响餐馆的整体形象。有人说："判断一家餐馆的好坏，只需看一下洗手间便有比较准确的答案。"话虽有点偏激，但也并非全无道理。洗手间里的卫生状况，是企业形象的一个组成部分，它可以折射出经营管理者的文化素养和文明水准。真正懂得生活的餐饮消费者，是不会轻易放过在享受口福的同时也享受美好环境的机会的。要他们来到餐馆，希望看到和感受到的，不仅是可供吃喝的地方，而是抒发对生活的一份热情和得到对生命的感悟，感受到这个空间给他们创造的浓情蜜意。

上述案例讲的是洗手间，其实，对于餐馆经营来说，这只是众多细节中的一项，比如，为了保护客人的隐私，房间的门应怎样安装；服务生进出的时候应该如何操作；客人进餐厅的时候应该怎样接待；菜肴上桌的时候应该怎样摆放等。这些细节都会不同程度地影响客人的心情，从而影响到消费。现在，不是有一句很时髦的话，叫什么"细节决定成败"吗？这句话对于餐馆经营的成败，有时也是起决定作用的。

7 你站在这里干嘛

一天，朋友王先生过来聊天，我便约他到住处不远的一家酒店的餐厅用餐。谁知他开口就说："No！不去那一家。"

我不禁有点诧异，以为他嫌那家餐厅不够档次，忙说："这可是一家四星级酒店的餐厅，是附近最高档次的了。"

朋友又说"No！"他说："我正是因为它档次太高了，不喜欢！"

"那你喜欢吃大排挡？"我调侃说。

"那又不是！我痛恨它的'过剩服务'！"

我觉得他的话很有意思，便迫不及待地要他快点聊聊，很想了解一下他所痛恨的"过剩服务"是什么东西。

原来，不久前他和他的女朋友到这家餐厅用餐，因为王先生平日比较忙，和女朋友见面的机会不多，为了表示对女朋友的看重，他特意选择这家有一点档次的餐厅，要了一个布置比较古典的安静的小房间，就想自由自在地和女朋友聚一聚，说说知心话，却想不到那位服务生像鬼

影似地老是在身旁忙来忙去，不到两三分钟就来打扰一次，不是换碟子，换毛巾，就是上菜，倒酒，收拾吃完的碟子，说不到几句话就被她打断一次，好不容易什么都忙完了，她又像一根电线杆似的站在一旁，就像一个联邦密探，监督着他们用餐，朋友和他的女朋友感到自己的隐私一点都没有了，总觉得背后火辣辣的，浑身不自在，烦得要死，可是拘于礼貌，又不好说什么。后来，女朋友终于忍不住了，对那服务生说："你都忙完了，还站在这里干嘛？"

服务生略微弯弯腰，很谦恭地微笑着回答说："很对不起，我们是按规定必须站在这里，随时为客人提供最及时最需要的服务的。"

"行啦行啦！我们需要的时候再叫你吧，麻烦你站在门口好吗？"

服务生很不情愿地勉强地站到了门口，但是，仍然不时看看桌面有没有出现需要收拾的碟子，要不要盛汤、盛饭……又一次，还在他俩顾着说话没有注意的时候，在没有征求他们意见的情况下就把还没有吃完

的女朋友最爱吃的烧排骨拿走了。搞得女朋友十分恼火，结果，好端端一顿浪漫、潇洒的晚餐气氛被破坏了，就像一首本该是抒情浪漫的情诗变成了一些断断续续的支离破碎的句子。

叙述完他的经历，朋友说："今后就是打死我也不会再进那家餐厅了。"

→ 评　点

我们一点不怀疑，那家酒店餐厅的服务员只是按照她们酒店规定的服务程序进行工作，她不会怀着一点歹意。正如她所说，这样做是为了随时能为客人提供最及时最需要的服务。比如随时把已经空了的碟子拿走，以干净的碟子换走盛满骨头的碟子，上洗手水，撤下用过的毛巾，递上热乎乎的毛巾，观察客人的酒杯是否需要加酒，有些菜式是否还要分菜等。这的确也是很多客人都需要的。如果她站在外面，客人的要求便不能随时满足，服务就不能及时和周到。问题是如此程序化的服务定位也有使人不自在的感觉的副作用，这种副作用往往使服务的本身异化成干扰和监视，引起一些客人的厌烦甚至痛恨，变成了多余的服务，无效的服务。

我们评价服务质量的一大要素应该是"有效"。美国商业酒店业的创始人埃尔斯沃思·斯塔特勒先生就曾经指出："服务就是指一位雇员对客人所表示的谦恭的、有效的关心程度。"注意"有效"两字。所谓有效，意味着使客人满意，没有使客人产生不自在的感觉。当然，这种满意应该是合理、合法的，是餐馆力所能及，按餐馆的制度必须做到的，

有时客人也会提出一些无理的甚至不合法的要求，那是绝对不能满足的，满足了客人的不正当的要求或者是提供了客人并不需要甚至厌烦的服务，是服务工作的两个极端，都不是有效的，有人称之曰"过剩服务"。向客人提供了"过剩服务"，就是走进了一个服务的误区。

"过剩服务"大多出现在酒店的餐厅里，这与酒店的服务定位很有关系。正是这一定位，把一些客人赶到其他的酒楼餐馆去了，因为他们不喜欢没有隐私。不喜欢他的或她的私人生活空间受到干扰，不喜欢本该属于他们的东西违背自己意愿地被处理。笔者经常参加一些在酒店餐厅举行的大型的派对。常常看到服务生在没有征求在座人员的意见的情况下把一些还没有吃完的菜肴、点心擅自撤走，使客人嘟嘟哝哝很有意见的现象。所以，在这些餐厅做服务定位或者调整定位的时候，应该尽量避免"过剩服务"的出现。

8　市场有求就要供

　　案例发生在河南省某大都市一家比较大的餐馆。一天，餐馆接到一位外地客人的订菜电话，问是否能够吃上河豚鱼，只因几年前这里曾经经营过这种鱼，但是餐馆目前已经没有经营了，因为这种鱼有剧毒，法律不允许销售。但奇怪的是，隔了一天，又有客人打电话来询问，并且说他们知道某某餐厅已经在公开销售，只要做得好，把毒素清除，就完全可以食用，为什么有生意都不做。

　　接电话的业务员把来电情况向总经理作了汇报，总经理拿不定主意，又向老板请示。其实老板也一直在观察着市场，平时也很留意有关河豚鱼的宣传报道。老板心想，这河豚鱼虽然有毒，但是这些毒素都是可以清除的，只要把所有内脏、眼睛、鱼皮清除干净，把血放干净，就可以食用，鱼肉是没有毒的，而且味道十分鲜美，营养丰富。他清楚地记得，有关报纸曾报道说：河豚鱼中的核酸含量为鱼中第一，100 克河豚鱼的蛋白质含量为 18.7 克，是其他鱼类的 20 倍，可其脂肪含量却仅有 0.2

克，是鱼中最低的。自己以前也确实经营过，自己亲口尝过，也不见得出现什么问题，现在既然市场有需求，为什么就不满足这种需求，就这样眼睁睁地放弃了利润特别大的生意呢？自古以来就有"冒死吃河豚"的说法，说明这种鱼是很受市场欢迎的。

　　老板和总经理反复商量过后，马上到客人所说的餐馆去实地访察，证实了客人所说的都是真的，之后，又对照《中华人民共和国卫生法》的有关条款再次衡量。他们发现，法律只是规定，不能生产经营含有毒、有害物质或者被有毒、有害物质污染，可能对人体健康有害的食品，河豚鱼虽然有毒，但是经过处理后就变成了没有毒的食品，销售没有毒的河豚鱼应该不算违法吧，法律又没有明确规定不准销售河豚鱼。他们又找来《水产品卫生法》研究，发现里面虽然明确规定"河豚鱼有剧毒，不得流入市场，应剔出集中妥善处理"，但后面紧接着却又说："因特殊情况需进行加工食用的应在有条件的地方集中加工，在加工处理前必须

先去除内脏、皮、头等含毒部位，洗净血污，经盐腌晒干后安全无毒方可出售，其加工废弃物应妥善销毁。"这说明河豚鱼只要处理得好还是可以吃的。而且，远郊地方的餐馆，和自己餐馆处于相近地段的餐馆都在经营，他们都没有出事，说明市场有这种需求，说明在经营上仍然有可操作性，同时，是不是也说明管理部门可能是默许经营了？听说现在南京、大连的一些著名的水产养殖场也开始发展人工养殖河豚鱼，国家每年都有出口，也将开放国内河豚鱼市场，如果我们不经营，说不定就是丧失了大好时机，那就是吃亏。想来想去，他们最终作出了决策：先以少量销售投石问路，以销定进，有多少需求就进多少货，进了就马上制作，不摆进海鲜池，不公开销售，只面向熟客，看看市场的反应，同时密切注意其他同行以及管理部门的动向。

决策定下后，他们马上行动，给打过电话来的客人去电话联系，给铁杆子熟客去电话发布信息，想不到市场的反应出奇地好。总经理和老板都喜出望外，暗暗庆幸自己作出了一个正确的决策，同时也感叹世界上还真有那么多敢于"冒死吃河豚"的勇士，感叹如果没有抓住这一机遇，那真是一大损失。

一个月过去了，平安度过，餐馆进账却增加不少，而且，需求量还在日渐增加，以销定进的经营定位已经跟不上经营状况的发展了，于是他们就在厨房内设了一个水池作储备河豚鱼专用。外人不容易发现。

不过，老板和总经理高兴得太早了，河豚鱼有人爱吃，希望餐馆经营生产，但也有人认为不应该经营，以免贻害社会和大众。于是管理部门就从这些人的检举中了解了有关的情况；于是就有了执法的行动；于

是餐馆在河豚鱼身上所赚到的全部利润都够不上罚款；于是餐馆被勒令停业整顿……

→ 评　点

随着社会生活节奏加快，随着人们的生活方式发生变化，多样化的需求促进了餐饮市场的发展。从本质上看，可以说是市场上的消费需求推动了餐饮业的发展。但是，市场上有需就一定要供吗？答案绝对是否定的。这绝对是认识上的一个误区。道理很简单，"非典"过后，蛇类和某些野生动物不能销售了，但是市场还一样有需求，有些人就是喜欢吃这些东西，多年形成的饮食习惯或者对现代科学的无知驱使他们会不顾一切的大胆尝试。作为餐馆，能供吗？很多受国家保护的野生动物，就算有那么多的人对它们垂涎欲滴，餐馆能够向他们提供吗？毒品也很

有市场，我们能供吗？很明显，都不能！非但不能，还应该自觉抵制。上述案例的主人公们之所以会错误地解读《中华人民共和国食品卫生法》和《水产品卫生法》，根本的原因就是由于他们走进了这一认识的误区。

如何决定对市场上的需是否给予满足，唯一的依据就是有关的法规。法律明令禁止的，坚决不能供，哪怕利润高得出奇。法律是一把刀，万万碰不得，侥幸过一两次关，不等于永远有那么好的运气！如果把希望寄托在侥幸上，那就像一个赌徒一样，是注定要输光的。

餐馆守法经营的主要障碍是对高额利润的追逐和淡薄的守法意识。当人们禁不住高额利润的诱惑，而对法治的认识又处于无知的状态时，常常就会心存侥幸，不自觉地走进上述误区。

9 全员推销业绩豪

朋友张先生是餐饮界一位新手，他在房地产行业冲浪了几年后，转行玩起了餐饮。他是在看了一些专业书，上网浏览过许多有关餐饮的网页，拜会过一些餐饮界的名家，调查过很多餐馆后才做出这个重大的决定的。至于他怎样选址，怎样选择经营规模、经营品种等方面，我们都不在这个案例中表述，这里要叙述的，只是他的整个经营链中的一环——推行全员推销的经营手段的策略。

在很多酒楼餐厅中，点菜的都是部长以上的中层管理人员，许多餐馆是明确规定一般的服务员不能为客人点菜的。张先生认为这是经营管理中一个认识上的误区，是制约销售的一个"瓶颈"。因此他要反其道而行之。

他的餐馆拥有近 500 个餐位，厅房的服务员加起来就有二十多个。他说：如果光是靠几个主任、部长、经理为客人点菜会怠慢了一些客人，也容易造成一些服务员产生低人一等的自卑思想，不利于发挥他们的积

极性和主动性。由于点菜不是他们的责任，餐馆往往不关心他们对菜肴的认识，使他们对自己餐馆的产品处于一种无知的状态。客人们常常会在点菜或用餐过程中询问、了解一些菜式的有关情况，而他们是一问三不知。这样怎能使客人满意呢？于是，他决定打破行业的成规，实行全员推销。也就是说，发动餐厅的所有工作人员推销产品。既可以在场内推销，也可以在场外推销。不管是谁，只要能介绍客人到餐馆成功用餐都能得到一定的提成。在场内，除了经理、主任、部长可以为客人点菜以外，服务员（不含传菜员）也可以为客人点菜。如果点的是新开发的菜肴，还可以得到很多的提成。所以，从培训员工开始，就要求员工把对餐馆菜品的认识当做是一项专业技能，让所有员工对餐厅的菜品都有一个全面的了解。让所有员工对推销的方法都有全面的了解。如菜品用料、烹制方法、口味特点、营养效果、菜肴历史典故、餐厅所能提供的服务项目，等等，使员工随时能向客人作详尽的介绍，或当客人询问时能够给以满意的答复。

为了更有效地推行这一决策，他还和总经理总结了一套在为客人点菜时的推销方法，要求所有服务员以上，总经理以下的人员都参加学习，以提高推销的意识和技巧。

首先，态度要主动，主动提出参考意见；其次，意识要明确，在不使客人难为情的前提下促使其多点一些菜和多点一些价格较高的菜点和饮料；再次，说话要清楚有条理，保持良好的职业形象。

具体可应用如下方法：

（1）释疑法：在主动提供参考意见或接受客人咨询时耐心向客人解

释他们的疑问，消除其戒备的心理。比如对一些价格比较高的菜点，客人在点要的时候常常会有疑虑，这时就必须耐心解释，重在说明物有所值，说明菜品的档次与客人的身份很般配，打消客人的疑虑。

（2）描绘法：在主动介绍某种菜点或客人明确询问某种菜点的时候把此菜点的卖相、口味特点、价格档次、受欢迎程度等方面详细地描绘出来。

（3）加强法：巧妙地强调某种菜点的优点和特色，适当地作一定限度的重复，加深客人的印象，引起他们的好感，激发其消费欲望。

（4）选择法：不同的客人往往有不同的消费心理，有些追求豪华名

贵，有些一心只在价廉。在不明确其消费心理的时候可以试着提出两款不同价格的菜点供其选择，然后进一步揣摸其心理。

（5）借力法：在介绍菜点的时候，可以适当借助某些在社会上有一些声望的人士对菜点的评价，以证明其有可消费性。

（6）加力法：客人在点要一些价格较高或者没有尝过的菜点时，常常会表现出有点迟疑，想下决心但又犹豫，这时，点菜者的表现就很重要，只要你在他思考的天平的一边加点力，天平马上就会倾斜。点菜者可以说：放心吧，我为好多个客人介绍过这道菜了，没有一个说不好的，很多人都回头点这道菜了，等等。

（7）促成法：就餐的客人大多是几个人一道来，在点菜的时候经常会发生意见的分歧，在这种时候，点菜者就要在适当时机对把你想介绍给客人的那道菜发表支持的意见，力陈这道菜的各方面优点，促成这道菜的销售。

（8）优惠法：对一些客人比较心仪，但又嫌价格有点贵的菜点，可在点菜者的权限内给予优惠，或代向上级诉求给予优惠。

张先生的这一套非常成功，餐馆的销售保持着常旺不衰。

→ 评 点

首先要强调的是，肯定全员推销的目的并不是要否定习惯的做法。不允许一般服务员点菜，只能由部长以上的中层管理人员点菜的做法也有它自身的道理。这里只不过是说明不要因为后者的存在而否定了前者，

不然就是走入了认识上的误区。

曾经问过好几个业界的老行家，为什么不让服务员点菜。他们几乎异口同声地说：他们不全面了解餐厅的菜点，他们的语言表达能力也有问题，没有这个素质，让他们点菜，反而会怠慢了客人，适得其反。他们的担心不无道理，但是，他们所罗列的这些担心，都是餐厅造成的，而且是可以改变的。只要对服务员进行必要的、严格的、有的放矢的培训，就能把担心丢掉，就能把潜在的积极力量挖掘出来，并成倍地增加。"人多力量大"这一最原始最朴素的真理常常被我们忽视，那是因为我们还没有认识到它所激发起的力量足以抵消我们在培训员工中所付出的有限的投入，包括资金、精力和时间。

我们一些当老板的常常把一句话挂在嘴边，向员工反复强调，那就

是"要有主人翁的精神"，把餐厅的事情当做自己的事情那样认真去做。这种要求无疑是对的。但是他们往往又忽略了另一方面：他们没有在行动上让员工感到自己是餐厅的主人。让一般服务员参加培训，提高服务技能，让他们也能直接地为客人点菜，是一种攻心策略的体现，能有效地让他们感受到自己在餐馆中的地位，感受到自己是受尊重的。这种做法一定能提高他们的主人翁意识。

10 铁锅炖鱼熄了火

2004 年下半年到 2005 年的上半年，铁锅炖鱼在东北的哈尔滨市着实火了一阵子。像有人指挥一样，大街小巷的酒楼、餐馆突然都热衷起铁锅炖鱼了。食客们在燃着干柴的锅台四周团团围坐，服务员不时地来给火添木柴。锅台也就是餐桌，锅台中央是一口大铁锅，锅里炖着一两条七八斤重的大江鱼，都是哈尔滨市食客们所熟知的"三江一湖"的各种淡水鱼。鱼的滋味颇吸引人，有两种口味，香的和鲜的，彼此各具特色，都是纯粹的原汁原味的"野味"。当然，一起炖的，还少不了要配上两盘茄子，一盘白菜，一盘水豆腐，一盘蘑菇，一盘粉丝等。锅台面铺上了白瓷砖，白瓷砖上摆着各式小菜、酱料和碗筷、啤酒、白酒、红酒……汤是预先配制好的。客人们先吃四盘小菜，边吃边观察着锅里的鱼。等到鱼一熟，大家的筷子便一齐伸向锅里，然后就是大口地喝酒，大声地谈笑。这种典型的东北吃法着实让市民感到新奇，也似乎特别适合豪爽幽默的东北人，所以，市场反应很好。由于投资不大、技术含量

不高，让还没有开展这一项目的餐馆看红了眼。让还没有投身餐饮业的投资者摩拳擦掌，积极筹备加入到炖鱼行列中去，于是，便掀起了争先恐后的"克隆"活动。据有关部门的不完全统计，仅半年内哈尔滨市新开的铁锅炖鱼就接近一百家，而且还有不少新店准备开张。

在这个"克隆"热潮中，王先生心痒痒的，他不止一次地跑到素以吃鱼闻名的哈市松北地区，亲眼看到在松北区龙江第一村和其紧邻的极乐村经营铁锅炖鱼的盛况，在那里，大大小小的铁锅炖鱼餐馆一家接一家。每家经营此项目的餐馆都人声鼎沸，客人们热火朝天地吃着、喝着、聊着。服务员则不停地忙着。店里充斥着诱人的鱼香。他在其中一家餐馆里看到，在店门前的一口鱼塘里，几百条自由自在地游动着的鱼在不断地诱惑着客人们的食欲，餐馆的服务员们还从深井里把清凉的井水打上来炖鱼，据说用这些水炖鱼，鱼肉特别鲜也特别滑。王先生和他的朋友也加入到吃客的行列里，边吃边跟一些客人聊起来。客人们告诉他，来这些地方这样吃炖鱼，不仅新鲜，而且鱼没受到污染，水也没受到污染，这里的就餐环境就像野餐一样，很有情趣。那么多人围坐一起，热闹非常，那气氛是从来没有的爽。再说，现在很多家庭都用铝锅，或不锈钢的炊具，很容易导致缺铁，因此而导致贫血的人不少。用铁锅炖鱼，维护人体健康的微量元素，铁可以得到充分补充。这么多人到这里来，足可以说明，这种铁锅炖鱼的烹调和用餐的方式很受市场欢迎！铁锅炖鱼中钙和铁的全面吸收的确是健康美味的饮食。王先生越听心越兴奋，再环顾整个极乐村，人气如此旺，开店的决心越来越坚定，回到家后与餐饮界一位朋友商量，那位朋友也非常看好这一项目的前景，于是他们

马上就筹钱，两人合伙在极乐村附近租了一个地方干了起来。

　　头一个月，生意果然如意料中火暴，看着门前车水马龙的盛况，王先生和他的朋友高兴得脸上天天挂着笑，第二个月，生意也还可以，但是，到了第三个月，来的人渐渐减少，营业额少了差不多1/4。王先生和他的拍档都有点奇怪，马上进行市场调查，发现附近的铁锅炖鱼的店铺增加了不少，再看看市区里的其他地方，同样多了很多类似的餐馆。他们俩暗暗叫苦，连忙印刷了很多宣传单，详细介绍本店的出品、环境、服务、优惠，在附近以及市区都广为派发，可是，天不从人愿，情况并没有根本性的好转。最要命的是出现了众多炖鱼店档互相降价拉客的现象。价格一降再降，很快就到了无可再降的程度。客人一天比一天少。于是，听客人反映，有些炖鱼店在降价的同时也降低了鱼的品质，甚至

以次充好。

王先生的朋友在餐饮市场的海洋里浸了好多年，知道铁锅炖鱼市场已经进入了恶性竞争的境地。处于这种状态下，要不就守下去，让其他的竞争对手都关门消失为止，但这样做的话必须有雄厚的资金支持，要经历一段承受亏损的痛苦的日子，而且，这段时间的长短也说不清有多长；要不就长痛不如短痛，马上急刹车止损，保存住资金，以后再伺机东山再起。他们俩看着快速萎缩的炖鱼市场，考虑再三，还是选择了后者。尽管如此，但毕竟白忙乎了几个月，前期投入的资金还是不能全部收回来。算总账，还是亏了。

→评 点

铁锅炖鱼一窝蜂地遍地开花，又兵败如山倒般一窝蜂地逃离市场的现象，很值得想投资餐饮市场的人们思考。

上述案例所呈现出来的景象实际上是一场典型的市场无序竞争。王先生以及他的朋友和很多投资铁锅炖鱼失败的经营者都是这场无序竞争的牺牲者。他们错就错在决策上，没有审时度势，没有看清市场的发展趋势就贸然投资。市场利润的趋前性决定了能把握市场的先机，喝上第一口汤的人大多能赚个盘满钵满。但是，跟风者就不一定有那么好的运气了。跟风者往往要更加注意市场竞争的发展方向。市场竞争中的模仿经营应该是最受关注的要点之一。利润越大的经营项目，往往模仿者就会越多，而且数量增多的速度就越快。就像股票市场和外汇交易市场一样，某种股票或某

种货币升得越快越急，其购进的风险就越大，因为它随时会回调，而且往往会升有多快，跌也会有多快，而且很多时候是跌得更快。所以，当铁锅炖鱼市场突然迅速膨胀的时候，是应该特别谨慎，应该警惕这很可能是极不正常的现象，而不应该贸然跟进的。无序竞争或恶性竞争的一个很显著的特点就是上述的这种突然膨胀。当某种产品或某种经营项目出现了无序竞争时，那么，它们离开这个市场的日子就不会太远了。

　　特别是在这场争先恐后的跟风过程中，我们注意到，如雨后春笋般快速增长的铁锅炖鱼的餐馆是鱼龙混杂，一些店铺由于匆匆上马，没有好的硬件，最突出的就是就餐环境比较脏乱，由于是烧柴，锅台下是烟熏火燎，锅台上就餐的人被锅台、铁锅中升腾起来的热浪蒸得满身油汗，再加上有些店铺为了降低成本，作奸要滑，以价格较低的死鱼充当活鱼，

使一些初次尝鲜的消费者的期望值受到致命打击，感觉其实铁锅炖鱼也不过如此而已，名不副实。于是，几条死鱼就此坏了市场"这锅大汤"。这些店铺由于赶时间开张，很多店员都是临时招进的，完全没有经过专业的培训，急功近利的欲望使店主们不惜在店面装修、卫生管理、原料采购、菜品质量、服务质量等方面"克扣斤两"，令消费者失去信任，导致被市场淘汰。

其实，类似教训在哈尔滨市早已发生过。就以经营灌汤包这一项目为例，几年前，哈尔滨市第一家"开封灌汤包"店开业时，生意红红火火，吸引了越来越多的消费者，同时也吸引了很多同行前去踩点观摩，很快，竟然创下了一个月有14家灌汤包饭店新开业的记录。数量多，包子质量参差不齐，彼此由于无序竞争引起相互压价，随后出现了灌汤包业的迅速亏损，许多店家又迅速转行或关门的现象。灌汤包也好，铁锅炖鱼也好，当初能够生意红火，主要是因为产品、就餐方式都有特色，有其自己的经营个性，但是，当市场同类项目一多起来，甚至出现了恶性竞争，特色就已不成为特色了。跟风者必然要损手烂脚。一是过分注重流行冲淡了特色。在市场上，凡是流行的销售产品或流行的销售形式，往往因特色而流行。但一旦流行过度，彼此"一窝蜂"而上，流行就会淹没了特色。二是忽视经营忘记了特色。在火热的行情之下，各家同类店一拥而上，没有个性化的经营，没有统一的经营理念，更没有严格的营销管理，无序竞争则必然导致"多败俱伤"。

总之，当发现市场的发展过于急速的时候就要警惕是否属于无序竞争，这是投资决策的重要考察点。

11 停业装修酿危机

　　广州市珠海区有一家只有几十个餐位的小餐馆，位于写字楼区和住宅区混集的小马路边，人流和车流都不是太密集。餐馆以经营特制癞蛤蟆和许多特色小炒、小吃为主，价格比较便宜，吸引了众多食客。特别是椒盐癞蛤蟆，作为一流的下酒菜，很受喝酒客人的欢迎，而火锅癞蛤蟆、癞蛤蟆稀饭则特别受吃夜宵的客人青睐。有些人还专程从几十公里外驾车前来品尝这些特色食品。中午时分，还有很多附近写字楼、图书市场、大超市、大商场的打工者们、小老板们到此吃饭或接待客户。因此，生意虽说不上很火暴，但却也红红火火的，餐馆上上下下十几人，包括老板两夫妻在内，从早到晚忙得团团转。一到晚上九点钟以后，来吃夜宵的人常常坐满了饭厅，门口还排着等位置的食客。餐馆每天的营业额一直保持在每天三千元左右。老板两夫妇虽然整天都精神紧张地指挥着一切，但是十分开心，笑意常常挂在脸上。

　　餐馆的不足之处是装修已经渐渐陈旧，大门口的招牌已经显得很土，

　　房间的天花板有些已经脱落，房门也略有变形，墙壁已经失去了往日的光洁和明亮，地板的积垢已经很厚，难以清理，饭桌、椅子好些都已松动，房间的沙发有些已张开了口子。一些常在这里开房间消费的小老板们也不时向老板建议要整理一下。

　　老板夫妻俩便琢磨开了，不装修吧，眼见餐馆已不像样，餐馆在市场上立足是要讲究形象的，装修破旧影响到餐馆的形象，那是必然的。形象不佳，餐馆在消费者心目中就掉了档次，今后价钱上不去不说，还很容易失去那些讲究环境的客人；装修吧，虽然能大大改善餐馆的市场形象，提高餐馆的档次，为今后提高菜品的价格打下基础，但风险也很大，要花一大笔钱不说，还要停业一段时间，收入全没有了，两笔钱加起来，起码也有二十多万元，停业期间，有些熟客可能就转移了消费处所，从此一去不回。装或不装，各有利弊，如何决策？真是一个两难的选择呀！

　　两人讨论来讨论去都没有结果，于是便找人算了一卦，算命先生说可以装修，并赠了一个适宜进场装修的吉日。

　　夫妇俩很相信占卜者的话，遂统一了意见，毅然停业装修。

　　二十多天后，餐厅面貌焕然一新，墙壁雪白，墙上还装了灯箱，灯箱的玻璃上有这间餐馆的特色菜的照片；天花板整齐划一；地板洁净光滑；店门扩宽了，招牌也色彩鲜明，字迹秀丽；新改的店名特别惹人注目。烧腊明档也改设在了大门的右侧，油光闪闪的桶子油鸡、烧鹅、叉烧、烧肉吊在玻璃橱窗里不停地诱惑着路人。可奇怪的是，开业后昔日食客满堂的景象却没有像意料中的那样出现，门口一片静悄悄，到了晚

上，来吃夜宵的客人稀稀落落，门口招牌上的闪灯寂寞无奈地眨着眼睛。"门可罗雀"的成语在这里得到最形象的注释。老板虽然在门口竖起一个很大的"本店特价"的牌子，把以前最畅销的几个特色菜以及降下来的价格都用斗大的字和鲜红的颜色写在上面；但是局面一点都没有改变，店堂里仍然空空荡荡，装修以前有时一个饭市翻两次桌的好光景再也没有出现了。最差的时候，一个饭市竟然只有零零星星三四个人。老板夫妇和他们的一些朋友在长吁短叹之余百思不得其解。菜还是那些菜，价还是那个价，有的菜品还降了价，厨师还是那个厨师，菜品的质量一点都没有降低，而环境上的一切都变好了，更光鲜了，更舒适了，更有美感了，但是客人为什么就不来了呢？

老板夫妇脸上挂起了愁容，他们怀疑装修坏了原来的风水，又怀疑是否因为改了店名破了运气，还怀疑……

→ 评　点

其实，上述案例中主人公的怀疑都不是餐馆生意转差的真正原因。真正的原因就是装修的决策失误，再讲具体一点，根本原因无非两个：一是突然停业，而且停业时间比较长，熟客们都流走了，流到了可能他们认为是更好的地方去了，谁还想到要回来？二是没有计划重新开业时该做些什么工作，因而没有做好原来客户的联系工作，也没有在宣传上做任何工作，连宣传单都没有沿街派送，只是在门口立了一个牌子，简略告知几款特色菜以及价格，也就是说没有在装修结束后重新营业的营销策划上下工夫。总的来讲就是，停业装修的决策没有做细，这才是最致命的。

凡事物在发展时都有一种趋势，俗话也都常说：顺势而上、借势而起、因势利导、趁势而为等。意思就是说，在事物正在蓬勃发展的好势头上，我们的脚步、我们的一切行为就一定要顺应这好形势，凭借着这势头，依靠着它前进，并不断地加强这好势头。没有充分的条件，没有过人的潜力和能力，不在万不得已的情况下，千万不要逆势而动；否则这大好势头很可能就要离你而去。君不见在排球赛场上，一路高唱凯歌的一方的教练是绝对不会叫停比赛的，因为教练也都懂得顺势而前进的道理，他才不会随便叫停而破坏了原来的节奏，截断原来的好势头。只

有正在输球的那一方才会频频地叫停；另一方面是给队员面授机宜，一方面则示意图破坏对方的好势头，截住对方前进的脚步。很多餐馆在经营活动的过程中，没有好势头的或者势头不够的还要造势，而上述小餐馆在生意处正在发展的好势头的大好时机时，不是思考应该怎样乘势而上，而是突然停业装修，而且一装就是长长的 20 天，把大好势头拦腰截断，这就是严重的逆势而动，严重的决策错误，如此不识时务，乃是生意人之大忌。

在这家小餐馆的周围，有差不多 10 家类似规模和档次的餐馆。餐馆所在的路段不是商业繁华区，没有多少过路客，更谈不上有什么拥挤密集的人流。这些小餐馆的一些常客都是附近一带的外来工、写字楼上的一些小公司的员工。一般说来，这些人都有相对固定的吃饭的去处，去习惯了这么几家餐馆，他们就会经常地以某一家或某两家为吃午饭或晚饭的基地。上述案例中的小餐馆也有好些以其为果腹基地的熟客。由于这小餐馆突然停了业，而且停业的时间不短，于是就把原来常在这小餐馆用餐、订快餐、吃夜宵的客人都赶到附近的餐馆去了，因为他们总不能因为你餐馆停业而不吃饭不消闲哪。那些兴冲冲远道而来的客人，因为不知道装修，来到后吃了闭门羹，大大的扫了兴，亦不知道餐馆会装修到什么时候，也就不会再来寻没趣，而必然会另寻地方消遣去了。等到这些客人已经习惯了新的餐馆或者新的消闲去处，或者在别的餐馆发现了人家也有好吃的颇有特色的出品而且价格也不贵，服务也可心，环境也很舒适后，便会慢慢习惯新的消费去处而忘记了原来消费的地方。于是，原来的老顾客便逐步流失。追新忘旧是餐饮客人的共性。餐饮的

行家都知道，餐饮市场竞争如此激烈，人追新鲜刺激的心理又是如此强烈，餐饮的客人对餐馆的忠诚度是很低的。对价格的兴趣，他们像流水，趋于向低走；对菜品、环境和服务质量的兴趣，他们像氢气球，步步高攀。

餐馆要重新装修，改变原来的样子，总应该有充足的理由，一般来说，重新装修的目的，无非就是吸引更多的客人，以提高营业额，增加赢利，所以，在决策时，就应该考虑，原来的营业额是多少，利润是多少，是否到了不装修就严重影响到餐厅的营业额和赢利的程度；装修后多长时间才能把装修的费用赚回来。如果原来的经营就已经很好，每个月的营业额都在高水平上保持稳定，就没有必要做重新装修。如果有某些地方很碍眼的话就做一些局部的修补，而且尽量不要把经营停顿下来。

只有在整体装修已经很破败，老主顾们都纷纷提出意见，表示很不情愿再在这样的环境中进餐了，再不全面修整，很可能会令这些客源流失，导致营业额和利润不断下滑的时候，才应该考虑停业重新装修。

即使是到了你觉得需要全面装修的时候，你也不要轻率地自己决定，最好还是找一些亲友过来，要求他们以消费者的眼光来看看这些装修是否已经到了非全面改动不可的地步；或请一些行家过来，听听他们对你的决策的意见；是否还可以以局部改动来代替全面重新装修；或者是否还可以活用旧的装潢，比如，分步粉刷墙壁，更换不同颜色、不同花样的窗帘，改用不同风格、不同款式的照明、摆设或更换墙上的图画，摆设一些饰物，把坏了的天花板做一些修补和美化等。

其实，餐厅讲档次，食客也有层次之分，不管哪一类装修档次的餐馆，只要其菜品和价格与这个装修档次大体相配，环境卫生搞得好，餐具洁净，菜品的味道也受欢迎，就总会有与之适应的食客。只要这些食客还愿意与这类装修和谐共处的话，就不必急于搞什么停业装修。

总之，停业重新全面装修一定要很慎重。停业装修的决策乍看起来似乎只是一个单一工程的决策，其实并非如此，严格来说，它应该是一个系统的工程的决策，因为它牵涉很多问题，比如，停业之前的宣传工作。这宣传工作应该包括：装修对于客人的意义，装修完毕的截止日期，装修后的菜式、服务及价格有无变化，完善熟客的联系网络，分别告知其以上信息，在大门外贴上以上信息；它还牵涉装修完毕复业后的营销，比如如何迅速联系熟客，制作宣传品，确定这些宣传品派发的范围和人员，整理菜单等。但是，遗憾的是，上例中的餐馆的管理者没有在装修

的前后做好一系列的工作，也就构成了重新装修后客人流失的一个很重要的原因。既然要装修，在装修前就应该设置一个过渡期，在这期间持续地跟常客们打招呼，并留下他们的电话；在装修期间，要派人留守平日的订餐电话，并在接到订餐电话时做真诚道歉，同时不厌其烦地明确地告诉客人什么时候可以复业，复业后有什么新的出品和优惠。在复业的时候，也可适当花一点钱请熟客们到餐馆来庆贺庆贺，或以优惠的措施吸引他们到来，把你的新出品拿出来招待他们，让大家都知道餐馆已经复业了，而且复业后有这么多好的新出品，还有好多的优惠：虽然经过装修，环境已经焕然一新，坐得舒服了，可供选择的品种多了，吃得开心了，但价格还是保持原来的水平；同时，还可按预先收集好的订餐客户的电话逐个联系。而这一切工作，上例中的餐馆都没有去做，而是一说停业就在某一天突然全部停下来，倚仗着过去的老本，以为装修完毕一打开门做生意，客人看到环境比以前好多了，就会以更高的热情，像以前那样络绎不绝。

需知道，目前很多餐馆因为经营不善等原因要关门结业，门口上也是贴一张停业装修的告示。在消费者心目中，停业装修几乎就是关门倒闭的代替语。

可见，要停业装修，一定要十分慎重地、完整地做出决策，一定要到不装修就不能继续顺利地经营下去的时候才好行动，在决策的过程中，一定要考虑如何把原来在这里消费的客人的心留住，一定要考虑如何把相应的营销工作做到家，否则的话，就不要轻举妄动。

12 满盘皆输错用人

　　华东地区有一间很大的川菜馆，有近两千个餐位，装修富丽堂皇，每一个房间的装修各有特色。餐馆还请来四川的一位变脸的演员，每天在两次饭市中在大厅演出，极受食客的欢迎，有些食客为了想看清楚变脸的过程，还一次又一次地上这个餐馆消闲。餐馆开业之初，由于还有很多的优惠措施，吸引了很多的客人，开业一个多月，生意持续火暴。随着生意的越来越旺，餐馆慢慢取消了原来的优惠。也不知是否是因为这个原因，餐馆的客人渐渐减少。从第三个月开始，餐馆出现了亏损。之后，客人越来越少，金碧辉煌的大厅空空落落，餐馆月月亏损。股东之一的执行董事看着墙上的营业额示意图表，一筹莫展。经过董事会研究，决定花钱请一家餐饮顾问服务公司参与诊断、整改。

　　顾问服务公司进驻了一个三人工作组，迅速展开了调查。20 天后，工作组拿出了一个详细的整改报告，指出了造成巨额亏损的各方面的原因，提出了很具体的整改意见。接下去的工作就是如何根据这个报告的

各条各项，逐一落实整改措施了。这个工作究竟由顾问公司继续跟进还是由餐馆自我整改呢？董事会上出现了分歧。有人认为，整改报告已经很详尽，由顾问公司主持也好，由餐馆自己主持也好，不过都是按照这一方案去执行而已，倒不如省一点钱，自己来。因为餐馆连续亏了几个月，已经元气大伤，眼下正是缺钱用的时候，而且，整改也需要用钱；但也有人认为，餐馆存在的问题很多都牵涉内部的人事关系、利益关系，错综复杂，自己的人碍于情面、碍于利益关系，很难处理好，还是请没有利害关系的外人来处理会客观一点，彻底一点。至于支付顾问公司的费用，可以采取分段支付的办法，整改好了，钱就能赚回来。双方扯来扯去，最后达成了一个统一的意见：找一些理由，挑一些毛病，把顾问公司甩开，把顾问公司工作组中一个要员挖过来任总经理，许以比原来的总经理略高的工资，把原来的总经理辞掉，这样，费用就省多了，双方的意见都能照顾到，整改的效果也能与顾问公司主持一样，决策就这样定下来了。

顾问公司工作组的那位要员原来的工资并不高，如果跳槽来餐馆，资薪一下子高了两倍，自然心动，双方一拍即合。顾问公司被打了一记闷棍，但也无奈，只好顺其自然。

遗憾的是，餐馆董事会的如意算盘并不尽如人意。这原顾问公司工作组的要员原来是外人，可一担任餐馆的总经理以后，他就再也不是外人，而是餐馆种种利害关系的旋涡中的一员了。他同样面对着原来总经理所面对的所有人际关系中的压力，整改措施中的很多意见都无法落实，无法执行。用这位总经理的话来说，就是他处在磨心的位置上，上压下

顶，日子一点都不好过。以前，工作组集中了三个人的智慧，才拿出了一个比较全面的整改报告，而现在是孤军作战，没有了顾问公司的集体力量的支持，一个人计短，加上他也没有主持过如此大型的餐馆的经营经验，所以整改工作进度甚慢，而餐馆依然天天亏损，用执行董事的话来说就是："餐馆在天天不停地流血！再不止血，再不补血，餐馆早晚要完蛋！"

餐馆天天亏损的最严重的后果，首先体现在欠薪上，员工已经有两个月都发半薪。总经理虽然说工资高，但也是半薪，加上因新的规章制度规定，工资须与效益挂钩，他实际上也是领着跟以前在顾问公司时差不多的工资，积极性大受打击，加上工作很不顺心，终于有一天，他实

在承受不住太大的压力，一走了之，餐馆对他的欠薪也宁愿不要了。于是，餐馆还是回到了请顾问公司以前的老样子，终于也因"血"流尽而黯然离场了。

→ 评 点

餐馆在经营中遇到困难不能靠自身的力量解决而延请顾问公司介入诊断、整改，那是常有的事。俗话说："旁观者清。"社会的现实也正如上例董事会的一些意见那样，让没有利害关系的外人来主持整改可能会客观一点。有资质、有一定技术力量的顾问公司大都能胜任此工作。因此，这不失为一个正确的决策。问题出在后来的决策的失误：把顾问公司的人挖过来任总经理主持整改。之所以说它错，有以下的理由：

（1）没有让顾问公司乘势而上，趁热打铁、一鼓作气地把整改进行下去。当初董事会向全体员工郑重宣布，由顾问公司驻守餐馆并直接介入餐馆的整改时，已经引起了全体员工的震动，其实有些员工已经看出了餐馆在管理、经营上的漏洞，并从维护自己的切身利益出发，也悄悄地向工作组反映了意见，期望通过与本餐馆没有人际利害关系的工作组来作彻底的整改。比如总经理主管楼面、人事工作，而全面的管理领导工作则由执行董事负责。由于职责所限，总经理对酒楼整体经营发展、营业成本和营业费用的监控以及出品部的管理都没有直接参与，没有真正起到主心骨或核心领导的作用；某副总经理原来只主管楼面，而现在却主管从未接触过的营销工作，本岗工作经验不足，很难系统地、有目

标地开展营销推广工作；某副总经理主管财务、后勤、出品部、采购、仓库，但未从事过大型酒楼规范管理工作，形成所管辖的部门在营运过程中不够规范，存在一定的人为问题。又比如，厨房购货计划欠准确，由于保管不善，造成一部分食品原材料积压霉烂变质浪费。出品部总厨个人烹饪技术高超，但对本部欠缺全方位管理能力，特别对不断研制演变新菜式、出品质量怎样按标准严格把关、对货品保管标准、货品计划购入等方面的厨政运作工作，基本没有一套完整规范的管理模式。个别中高层管理人员工资太高，待遇过好，造成了餐馆负担沉重……但这些意见所牵涉的人都是一些"皇亲国戚"，与董事会的人都有着谁也说不清的种种联系。靠"自己人"撼动这些关系实在比登天还难，只有靠工作组把问题提上来，陈明这些问题是餐馆生死攸关的大问题，给董事会造成压力，促使他们下决心改变现状，才有机会做尽可能彻底的整改。虽然后来把工作组的人挖过来主持整改，但新的总经理还是在执行董事的监管、领导下工作，而且已经切切实实地变成了"自己人"，因而他就不得不在处事时小心地"左顾右盼"，这样，他就是有再大的本领，可能也难挣破这重重的人际关系网。

（2）如此不道德的挖角绝对是一个错误，起码在商业道德上就显示出低档次，它的直接危害就是很可能会挖回虽有技术，但同样欠缺道德的只认钱不认德的人。这样的人，在自己的切身利益受到威胁的时候绝对不会与餐馆共患难，只会一走了之。他为了更大的利益，今天能背叛原来的公司投靠你，那么将来，他也完全有可能为了更大的利益背叛你而投向别人的怀抱。不良的动机产生了不良的效果，不能怪别人，只能

怪自己。

（3）对新的总经理没有过细的了解便轻率地委以重任。连此君有没有主管过如此大型的餐饮企业的信息都没有掌握便把整改的重担子压到他的肩上，这样的决策真是拿股东们自己的钱来开玩笑，拿近千名员工的切身利益来开玩笑。

眼下，社会上类似的餐饮管理顾问公司很多，餐馆在经营中遇到难题靠自身解决不了可以请他们提供服务，但是一定要选择资质优良、有一定名气的公司，这十分重要，不然钱花了，不但解决不了问题，还会增加更多的问题，那损失就大了。

在选择顾问公司的时候，一定要注意这些公司的业绩，也就是说这些公司以前受委托管理过哪些餐馆，参与过哪些餐馆的诊断或整改，效果如何，最好实地去看看，了解其真实性。因为，只有业绩才是最硬的

道理，有业绩才能说明他们有经验，有能力接受你的委托。在选择了理想的公司后还要对顾问公司派出的人员作一番了解。可直接向顾问公司索取有关人员的相关工作经历及工作业绩，并有目的地与这些派出人员作多次的商谈，在谈话中反复观察、判断其专业水平和诚信度。你可以多提出一些技术上的问题，看看对方的回答就知道其专业水平大概在什么位置上。比如，你可以问："依你看，我们这餐馆的毛利水平应该达到哪一步才处在盈亏的平衡点上呢？""依我们这地段，你看我们的菜单存在什么问题呢？""从表面看，我们的服务有什么问题呢？"等。如果是经验丰富的行家，他一定会讲得头头是道。如果发现顾问公司派出的人员在技术上、人品上不够理想，就应该马上提出，要求更换，千万不可随便接受。

对于顾问公司派出的人员与该公司的关系也应该作为重要内容作深入的了解。因为就像一些装修公司不会养着一帮技术人员和工人，只是在有任务的时候才把这些人召集过来，委以一个头衔便参与工作一样，顾问公司为讲求经营成本，也会如法炮制。这些人和顾问公司只是保持着一种松散型的合作关系。在实践中，这些人有时与顾问公司发生矛盾突然离岗而去，置餐馆和顾问公司的利益不顾的事情时有发生。为避免此类情节重演，餐馆方面一定要注意。

在此过程中，还必须要求顾问公司写出工作大纲，因为从这个大纲的文字表达水平、内容的完整性、专业术语的运用、时间安排的条理性、阶段性目标设置的科学性等方面，都可以看出该顾问公司的专业水平。

工作大纲应包含以下内容：

227

（1）整改全过程及阶段性的工作目标和内容。

（2）整改全过程的时间跨度以及各阶段工作的具体明确的时间跨度。

换句话说，就是在这个大纲中，要看到在每一阶段中要完成的工作任务是什么，要达到怎样的效果，每一阶段所占用的时间是多少，全过程达到的最终目标是什么，需要多少时间。

后　记

当您读完这本书的时候，您一定会有很多感受：或很好，或一般，或美中不足，或很差；或收益良多，视之为良师益友；或无动于衷，将其束之高阁……

我们真诚盼望能听到你们的宝贵意见或建议，甚至是毫不留情的批评。因为读者就是我们的"上帝"，因为我们希望日后继续充实《半岛唯高餐饮经典》，让每一本书都成为精品。

每一本书都是编写人员汗水和心血的结晶，是他们贡献给社会的财富。为了把书写好，他们反复深入餐饮一线采访，取得了大量的第一手资料；他们牺牲了一个又一个节假日，舍弃了一次又一次与家人共聚的天伦之乐，或泡图书馆，或通宵达旦地在电脑前、在稿纸上挥洒着智慧和心力……无论如何，我们都得感谢他们吧！

餐饮界许许多多的朋友更是为《半岛唯高餐饮经典》的建设倾注了极大的热情，面对打破沙锅问到底的采访人员，他们百问不烦，百讲不厌，无私地把自己的心得、经验、技术和盘托出，有些人甚至拿起笔，

满腔热情地参加到创作队伍中。没有他们的奉献，这一个又一个的高质量精神产品是不可能问世的。我们是不是对他们也应该说一声谢谢，并衷心希望他们继续努力呢？

　　所有的谢意，已会聚成强大的推动力，鞭策着我们前行，我们唯有以更大的投入，换取更精的"产品"报答读者的关爱，与他们一起，共创中国餐饮业繁荣的又一个高潮。

广州半岛唯高餐饮文化传播公司

2009 年 9 月

中国物资出版社《半岛唯高餐饮经典》目录

序号2：《第一次开餐馆》

内容简介：

　　餐饮市场的红火，吸引着大量的投资者，而在这众多的投资者中，有相当一部分是从未开过餐馆的，因此，《第一次开餐馆》是众多投资者的必读书。

开本：16开　　定价：29.80元

序号3：《第一次当主管》

内容简介：

　　当好餐饮企业的各级主管，必须具备领导才能和丰富的从业经验，阅读本书对第一次当主管的读者充实自己、掌握管理技巧大有好处。

开本：16开　　定价：29.80元

序号4：《餐饮业经营管理实用图表》

内容简介：

　　本书所列举图表是许多从事餐饮业多年的人士的实践经验的总结，是科学管理必不可少的工具书。

开本：16开　　定价：36.80元

序号6：《从侍应到主管》

内容简介：

从侍应到主管是人生的成长期和发展期。本书讲述了在这两个时期面对的问题、应掌握的技能、如何积累、成功晋升等，无论您是刚刚入行，还是在现在的岗位已经小有起色，读后都会令您有惊喜的收获。

开本：16 开　定价：29.80 元

序号7：《餐厅礼仪》

内容简介：

服务员应如何接人待物、如何笑迎宾客，《餐厅礼仪》一书全面教您如何成为一位出色的服务员。

开本：16 开　定价：39.80 元

序号8：《第一次当厨师》

内容简介：

新厨师从烹饪学校毕业到社会，差异万千，怎样提高厨师的经营理念，如何提升厨师的烹饪技艺，本书较全面地从实战的角度展开论述。

开本：16 开　定价：29.80 元

序号 9：《刀工》

内容简介：

　　精美的刀工是厨师十八般武艺中上乘的"武功"，细细研读此书，您便能获得"闯荡江湖"的本领。

开本：16 开　定价：29.80 元

序号 10：《顾客应对技巧》

内容简介：

　　各级主管、服务员在日常工作中应如何接待顾客、处理好与顾客的关系，本书详尽教您如何做一位好主管、一位好服务员。

开本：16 开　定价：29.80 元

序号 13：《开一家赚钱的茶餐厅》

内容简介：

　　本书从选址、开业、管理等 8 个方面告诉读者如何开一家赚钱的茶餐厅，随着茶餐厅在内地的崛起，相信本书对有志开店创业的人会有所帮助。

开本：16 开　定价：29.80 元

序号 19：《餐馆楼面管理》

内容简介：

本书涉及餐馆楼面管理，广度与深度相结合，横向与纵向相联系，力图让读者轻松而高效地抓住做好楼面主管的真谛。

开本：16 开　定价：29.80 元

序号 30：《餐馆经营管理实战与培训》

内容简介：

开餐馆应如何经营和管理？本书由拥有 20 年餐馆经营实践经验的专业人士编写，不但经验丰富，且对实践与培训有独到的见解和过人之处。

开本：32 开　定价：23.00 元

序号 31：《餐馆持续发展百问百答》

内容简介：

餐管是许多人认为赚钱的行业，也是许多人跃跃欲上的门槛。但是，有人做得红红火火，餐馆持续发展，有人却惨淡经营，最后关门停业。为什么？《餐馆持续发展百问百答》将逐一为您解答这些问题，想开餐馆的朋友真的不可不读。

开本：32 开　定价：22.80 元

序号 32：《高中低餐馆赚钱 250 则》

内容简介：

  本书将教您如何开各种类型的餐馆，同时，也是一本适合高、中、低不同档次餐馆的经营和从业人员阅读的好书。

  开本：32 开 定价：28.00 元

序号 33：《怎样提高餐馆人员商业素质》

内容简介：

 提高餐馆从业人员的素质，是餐馆持续发展的重要保证，本书将教您如何提高自己的素质。想开餐馆的朋友不妨一读。

 开本：32 开 定价：26.00 元

序号 34：《餐馆财务百问百答》

内容简介：

  财务是企业的命脉。开餐馆面临的如何进行财务预测与分析，如何制作餐馆财务报表，如何做好财务资金管理，如何创收，如何压缩投资成本提高利润等问题，本书将为您一一解答。

  开本：32 开 定价：28.00 元

序号 35： 《餐馆投资百问百答》

内容简介：

　　这是一本教您投资餐馆"入门之道"的书。开餐馆必须具备足够的条件；必须科学投资与策划；必须科学预测与分析；而投资成败往往只在一念之差。本书是希望投资餐馆和希望创业成功的朋友不可不读的好书。

　　开本：32 开　定价：28.00 元

序号 36： 《餐馆厨师实用手册》

内容简介：

　　开餐馆需要怎样的厨师？如何做一名出色的厨师？《餐馆厨师实用手册》一定能帮您！

　　开本：32 开　定价：28.00 元

序号 37： 《餐馆服务实用手册》

内容简介：

　　开餐馆需要怎样的服务人员，服务人员应如何做好餐馆经营中的"客我"交往，怎样做一名"双赢"的服务人员？《餐馆服务实用手册》一定会给您启迪！

　　开本：32 开　定价：28.00 元

序号 38：《如何开一家赚钱的餐馆》

内容简介：

　　开餐馆当然想赚钱，但如何赚？《如何开一家赚钱的餐馆》一定是您理想的创业宝典！

　　开本：32 开　　定价：28.00 元

序号 39：《餐馆管人 36 招》

内容简介：

　　餐馆如何管人，《餐馆管人 36 招》教您把握管人的原则。

　　开本：32 开　　定价：28.00 元

序号 40：《餐馆用人 36 计》

内容简介：

　　餐馆如何用人，《餐馆用人 36 计》教您掌握用人的原则。

　　开本：32 开　　定价：28.00 元

序号 41：《餐馆赢在细节》

内容简介：

　　细节决定成败，细节乃日常生活中的点点滴滴，因此，要开一家成功的餐馆，必须从点点滴滴做起、从细节做起！

　　开本：32 开　定价：29.80 元

序号 42：《餐馆危机处理》

内容简介：

　　危机处理是餐饮企业的一项必不可少的日常工作。面对危机事件从容面对、化险为夷、变被动为主动是一门学问，也是从业技能。因此本书不可不读。

　　开本：16 开　定价：29.80 元

序号 43：《餐馆赢在决策》

内容简介：

　　本书介绍了餐馆在策划、选址、选项、菜品、定价、定位、服务、装潢等各个方面做决策对应考虑哪些问题，帮助读者成功创业。

　　开本：16 开　定价：29.80 元

序号44：《餐馆赢在督导》

内容简介：

    餐馆的督导者在经营管理中起关键作用，本书帮助他们提高执行能力和工作绩效，规范餐饮行业管理。

开本：16开　定价：29.80元

序号45：《餐馆营销学堂》

内容简介：

    本书针对现有餐饮企业管理、营销等多个层面值得注意的问题，总结经验、规律、提出解决之道，既有理论，又有心得。

开本：16开　定价：24.80元